explorez

les caraïbes

W0340552

L'a[...]
ce[...]
de[...]

Population: [...]

Point le plus élevé: le Pico Duarte, en République dominicaine (3 175 m)

Langues: français, espagnol, anglais, langues créoles, néerlandais

Villes les plus importantes:
Santo Domingo, en République dominicaine (2,9 millions d'habitants); La Havane, à Cuba (2,8 millions d'habitants); Port-au-Prince, à Haïti (2,6 millions d'habitants); San Juan, à Puerto Rico (2,3 millions d'habitants)

ULYSSE

Crédits

Mise à jour de la 2e édition : Ambroise Gabriel, Claude Morneau

Éditeur : Pierre Ledoux

Recherche et rédaction antérieures, extraits du guide *Croisières dans les Caraïbes* : Caroline Bénéteau, Hélène Biron, Emmanuelle Bouet, Martin Fontaine, Annie Gilbert, Camille Hay, Claude Hervé-Bazin, Éric Lauzon, Élodie Luquet, Sarah-Émilie Nault

Correction : Pierre Daveluy

Conception graphique : Philippe Thomas

Conception graphique de la page couverture et mise en page : Judy Tan

Cartographie : Pascal Biet

Photographies : Première de couverture : *Iguane* © iStockphoto.com/Sarah Bossert.

Quatrième de couverture : *Tortue marine* © iStockphoto com/davidevison. *Río Camuy Cave Park* © iStockphoto. com/Isaac Ruiz Santana. *Carnaval de Trinité-et-Tobago* © iStockphoto.com/Blacqbook.

Cet ouvrage a été réalisé sous la direction de Claude Morneau.

Remerciements

Nous reconnaissons l'appui financier du gouvernement du Canada.

Nous tenons également à remercier le gouvernement du Québec – Programme de crédit d'impôt pour l'édition de livres – Gestion SODEC.

Canada Québec

Guides de voyage Ulysse est membre de l'Association nationale des éditeurs de livres.

Note aux lecteurs

Tous les moyens possibles ont été pris pour que les renseignements contenus dans ce guide soient exacts au moment de mettre sous presse. Toutefois, des erreurs peuvent toujours se glisser, des omissions sont toujours possibles, des adresses peuvent disparaître, etc.; la responsabilité de l'éditeur ou des auteurs ne pourrait s'engage en cas de perte ou de dommage qui serait causé par une erreur ou une omission.

Écrivez-nous

Nous apprécions au plus haut point vos commentaires, précisions et suggestions, qui permettent l'amélioration constante de nos publications. Il nous fera plaisir d'offrir un de nos guides aux auteurs des meilleures contribution Écrivez-nous à l'une des adresses suivantes, et indiquez le titre qu'il vous plairait de recevoir.

Guides de voyage Ulysse
4176, rue Saint-Denis, Montréal (Québec), Canada H2W 2M5, www.guidesulysse.com, texte@ulysse.ca

Les Guides de voyage Ulysse, sarl
127, rue Amelot, 75011 Paris, France, www.guidesulysse.com, voyage@ulysse.ca

Catalogage avant publication de Bibliothèque et Archives nationales du Québec et Bibliothèque et Archives Canada

Vedette principale au titre :
Explorez les Caraïbes
Comprend un index.
ISBN 978-2-89464-912-1
1. Caraïbes (Région) - Guides. 2. Antilles - Guides.
F2165.E96 2017 917.2904'53 C2016-940800-0

Toute photocopie, même partielle, ainsi que toute reproduction, par quelque procédé que ce soit, sont formelleme interdites sous peine de poursuite judiciaire.

© Guides de voyage Ulysse inc.
Tous droits réservés
Bibliothèque et Archives nationales du Québec
Dépôt légal – Deuxième trimestre 2017
ISBN 978-2-89464-912-1 (version imprimée)
ISBN 978-2-76581-794-9 (version numérique PDF)
ISBN 978-2-76581-782-6 (version numérique ePub)
Imprimé en Italie

sommaire

Les Caraïbes résonnent dans l'esprit des voyageurs comme la destination de rêve par excellence où le soleil abonde et le sable fin s'étend à perte de vue. D'archipel en archipel, d'île en île, de plage en plage, l'expérience de la vie à la caribéenne se renouvelle. Chacune des perles des Caraïbes possède une culture, un patrimoine et une histoire qui lui sont propres et qui ont façonné son caractère. Une richesse que quiconque prend plaisir à découvrir et à explorer, d'Anguilla à Trinité-et-Tobago, en passant par Cuba, les Antilles françaises, les îles Vierges américaines et britanniques ou encore les Bahamas et les îles ABC, pour n'en nommer quelques-unes.

Les visiteurs sont charmés par la beauté des paysages et des villes insulaires, envoûtés par les saveurs et les odeurs des épices et des plats locaux, séduits par les couleurs et l'ambiance des Caraïbes.

Amateurs de farniente comme amoureux de la faune et de la flore, sportifs invétérés comme épicuriens, familles comme jeunes amoureux s'entendent pour chanter les louanges de ces îles paradisiaques.

Impossible de se lasser, les occasions de remplir son album de souvenirs sont aussi nombreuses que les confettis qui parsèment la mer des Caraïbes!

le meilleur des caraïbes

les caraïbes

En 10 images emblématiques

1 Les plages de sable blanc bordées de cocotiers

Les carnavals

3

2 La plongée et l'exploration de récifs coralliens

Les tortues marines

4

5 Les volcans

6 Le rhum

7 Les cases traditionnelles

8 Les marchés

9 Les champs de canne à sucre

10 Les voiliers

En 10 repères

1 Autochtones

Avant l'arrivée des Européens au XVe siècle, les îles de la mer des Caraïbes sont occupées, parfois successivement, par des peuples autochtones, notamment les Ciboneys à Cuba et Hispaniola, les Arawaks aux Bahamas, les Caiquetios dans les îles ABC, les Taïnos à Puerto Rico et, en Dominique, les Caraïbes, dont le nom a été utilisé pour désigner l'ensemble des îles.

2 **Cayes**

Les cayes (au singulier: une caye) sont de petites îles peu élevées composées essentiellement de corail et de sable. Elles ont d'ailleurs donné leur nom aux îles Turcs et Caicos et elles parsèment la mer des Caraïbes, notamment autour des îles de Saint-Vincent-et-les-Grenadines.

3 Christophe Colomb

Navigateur italien né en 1451 et mort en 1506, Christophe Colomb a fait quatre voyages en Amérique pour le compte du royaume d'Espagne, entre 1492 et 1504. Il a découvert l'archipel des Caraïbes et a mis les pieds dans un grand nombre des îles qui le constituent, dont les Bahamas, Cuba et la Jamaïque.

4 Colonisation européenne

La colonisation européenne des Caraïbes débute en 1492, avec la prise de possession de différentes îles de l'archipel par Christophe Colomb au nom du royaume d'Espagne. À partir du XVIIe siècle, d'autres puissances européennes, comme la France, l'Angleterre ou encore les Pays-Bas, revendiquent la possession d'îles de l'archipel au fur et à mesure que se renforce le rôle des Caraïbes en tant que plaque tournante du commerce entre l'Europe, l'Amérique et l'Afrique.

5 Créole

Le créole est né de la nécessité des différentes populations d'esclaves, d'immigrants et d'autochtones qui se trouvaient réunies dans les plantations, de se comprendre entre elles. Ce parler régional varie selon les spécificités socioculturelles et historiques de son contexte d'apparition. Dans les Caraïbes, il existe notamment des parlers créoles à base lexicale française, anglaise ou encore portugaise, auxquelles se mélangent des traces de dialectes africains ou des mots d'origine caraïbe.

6 Croisières

Depuis 2001, le nombre de passagers fréquentant les navires de croisière a doublé, pour atteindre 22,2 millions en 2015, au niveau mondial. Et l'on s'attend à ce que ce nombre augmente dans les prochaines années avec l'arrivée continuelle de nouveaux bateaux et le départ à la retraite de milliers de *baby-boomers*, une clientèle fidèle qui forme déjà le gros des croisiéristes dans les Caraïbes.

En 10 repères *(suite)*

7 Esclavage

À la fin du XVIIe siècle, la Jamaïque, Saint-Domingue (aujourd'hui Haïti), la Martinique, la Guadeloupe et la Barbade forment dans les Caraïbes la principale zone mondiale d'importation des esclaves sur la route du « commerce triangulaire » organisé entre les métropoles européennes, l'Afrique et les Amériques. Des bateaux partaient d'Europe avec des marchandises manufacturées qui servaient à acheter des esclaves sur les côtes africaines. En Amérique, ces esclaves travaillaient dans les plantations de canne à sucre ou de tabac par exemple, produisant ainsi des matières premières à bas coût afin d'approvisionner l'Europe. De nombreux habitants des Caraïbes sont des descendants de ces esclaves.

8 Mer des Caraïbes

Aussi appelée « mer des Antilles », cette mer dans laquelle baigne l'archipel des Caraïbes est située à l'est de l'Amérique centrale et au sud-est du golfe du Mexique et de la Floride.

9 Ouragans

La saison des ouragans s'étend de juin à novembre dans l'océan Atlantique et la mer des Caraïbes. Durant cette période, la météo instable entraîne de forts vents, des pluies abondantes et de hautes

vagues. Ces dépressions tropicales peuvent se transformer en ouragans et provoquer d'importants dégâts. En 2004, à titre d'exemple, l'ouragan *Ivan* a touché de nombreux États des Caraïbes (Grenade, Barbade, République dominicaine…) et fait plusieurs morts. Un an plus tard, ce fut au tour de l'ouragan *Wilma* de frapper Cuba, Haïti, la Jamaïque et l'île de Grand Bahama, laissant sur son passage plusieurs centaines de sans-abri et causant des dégâts importants. Les prévisionnistes météorologiques nomment les ouragans en fonction de six listes préétablies de 21 prénoms masculins et féminins à utiliser en rotation. Lorsqu'une tempête a été particulièrement dévastatrice, son nom est retiré des listes et ne peut plus être utilisé.

10 Piraterie

Concentrant de nombreuses îles et voies de navigation, les Caraïbes ont constitué, entre les XVIe et XVIIIe siècles, une zone de commerce très importante. Cela a contribué à attiser la convoitise des pirates, qui y détroussaient les navires marchands. Certaines îles leur ont d'ailleurs servi de refuge, comme la Jamaïque, Hispaniola (Haïti et République dominicaine) ou encore les Bahamas. Quelques pirates ont même vu leur nom donné à des îles, comme Jost Van Dyke, du nom du corsaire Joost van Dyk.

En 15 dates importantes

1 **2400 av. J.-C. :** Les Ciboneys, les Arawaks et les Caraïbes se succèdent sur plusieurs îles, notamment à Antigua-et-Barbuda.

2 **1492 :** Premier voyage de Christophe Colomb, qui découvre alors les îles qu'on nomme aujourd'hui les Bahamas, Hispaniola (République dominicaine et Haïti), Cuba et Grand Turk. La légende veut qu'il ait aussi découvert Sainte-Lucie, mais la découverte serait plutôt attribuable à l'un de ses compagnons, Juan de la Cosa.

3 **1493 :** Deuxième voyage de Colomb, qui mène à la découverte de la Dominique, la Guadeloupe, Montserrat, Antigua, Saint-Kitts-et-Névis, Saint-Martin, Saint-Barthélemy, Anguilla, les îles Vierges, Puerto Rico et la Jamaïque.

4 **1496 :** Troisième voyage de Christophe Colomb, au cours duquel il découvre les îles de Trinité, de Tobago, de la Grenade et de Margarita.

5 **1499 :** Découverte par Alonso de Ojeda des îles d'Aruba et de Curaçao.

6 **1501 :** Premier transport d'esclaves africains vers les Antilles.

7 **1502 :** Quatrième voyage de Colomb et prise de possession des îles Cayman et de la Martinique au nom du roi d'Espagne.

8 **1536 :** Découverte de la Barbade par Pedro A. Campos.

9 **1793 :** Abolition de l'esclavage à Haïti qui donnera lieu au décret du 16 pluviôse an II (1794) qui abolit, une première fois, l'esclavage dans

les colonies françaises. Après des tentatives de rétablissement et de nombreux soulèvements, l'esclavage sera légalement aboli sur l'entièreté des territoires français par le décret du 27 avril 1848, initiative de Victor Schœlcher, alors sous-secrétaire d'État à la Marine et aux colonies dans le gouvernement provisoire de 1848.

10 **1814 :** À l'occasion du traité de Paris du 30 mai, le Royaume-Uni restitue la Guadeloupe et la Martinique à la France, mais conserve Tobago et Sainte-Lucie. Saint-Domingue (aujourd'hui Haïti) est considérée comme une colonie française et son indépendance proclamée en 1804 par Dessalines ne sera reconnue qu'en 1825.

11 **1886 :** Cuba est la dernière île des Caraïbes à abolir l'esclavage.

12 **1902 :** Éruption de la montagne Pelée en Martinique, entraînant dans la mort 30 000 personnes et la destruction complète de Saint-Pierre.

13 **1959 :** Lors de la **Révolution cubaine**, Castro et ses *rebeldes* libèrent Cuba de la dictature militaire mise en place par Fulgencio Batista.

14 **1987 :** Le créole haïtien devient l'une des deux langues officielles d'Haïti, au côté du français.

15 **2010 :** Le 12 janvier, un séisme d'une magnitude 7,1 sur l'échelle de Richter frappe l'ouest d'Haïti et dévaste notamment la capitale, Port-au-Prince. On déplore des dizaines de milliers de victimes.

En 10 plats de la cuisine locale

1 Bahamas : Un *giambo*, une soupe épaisse à base de bœuf et de gombo, le fruit d'une plante tropicale, au Bahamian Kitchen Restaurant & Lounge (p. 48)

2 Curaçao : Un *yuana stoba*, un ragoût à base d'iguane, au Jaanchies (p. 75)

3 Antigua-et-Barbuda : *Roti* est le nom de ce pain plat farci de patates, de cari, de poulet ou de bœuf. On peut goûter à sa version végétarienne au Mama Lolly's Vegeterian Café (p. 35)

4 Jamaïque : Le ***jerk chicken*** ou *jerk pork*, du poulet ou du porc cuit sur des braises et assaisonné de piments, d'ail et d'épices, à l'Ocho Rios Village Jerk Centre (p. 136)

5 Bonaire : Le *stew conch*, un ragoût de conques accompagné de pois et de maïs séché, au Zeezicht (p. 58)

6 Cuba : Des *plátanos* (bananes plantains) farcis au thon et au fromage, à La Esperanza (p. 67)

7 Guadeloupe : Un colombo au Caprice des Îles (p. 95). Il s'agit de cabri (chèvre), poulet, crabe ou poisson cuit dans un mélange d'épices et de lait de coco.

8 Barbade : Le *cou-cou* rappelle la polenta, mais il est à base de gombo finement haché. On peut en manger au Waterfront Café (p. 55)

9 Puerto Rico : L'*asopao*, une soupe à base de riz et de viande, poisson ou fruits de mer, à l'Hacienda Don Jose (p. 158)

10 Martinique : Des accras, ces beignets de morue, de fruits de mer ou de légumes, frits et souvent servis en entrées, à la Case Coco (p. 146)

En 10 lieux à l'architecture d'exception

1 Saint-Kitts : Basseterre et son mélange hétéroclite de styles plus ou moins récents, dont certains bâtiments georgiens (p. 183)

2 République dominicaine : Concentration, dans la Zona Colonial de Santo Domingo, de bâtiments parfois vieux de quelque 500 ans (p. 161)

3 Jamaïque : Falmouth et ses nombreux édifices d'inspiration georgienne (p. 133)

4 Cuba : Les rues étroites et les édifices coloniaux de la vieille ville de **La Havane** (p. 61)

5 Bahamas : Nassau, avec ses élégants édifices gouvernementaux roses à colonnades datant du XIXe siècle (p. 40)

6 Puerto Rico : À Ponce, tout contre la cathédrale et sa fontaine aux lions, se dresse une étonnante caserne de pompiers bariolée de rouge et noir (p. 155)

7 Curaçao : À Willemstad, les maisons et entrepôts à l'architecture néerlandaise typiquement coloniale s'alignent le long des quais du chenal de Sint Annabaai (p. 69)

8 Îles Turks et Caicos : Cockburn Town et ses édifices historiques des XVIIIe et XIXe siècles à l'architecture d'inspiration bermudienne (p. 109)

9 Virgin Gorda : Les constructions des villages côtiers qui ne peuvent dépasser la hauteur d'un cocotier! (p. 130)

10 St. Croix : À Christiansted, le quartier du front de mer abrite plusieurs bâtiments bâtis par les Danois, datant des XVIIIe et XIXe siècles (p. 115)

En 5 jardins

1 Nevis : Les Botanical Gardens of Nevis, aménagés au pied du mont Nevis (p. 185)

2 Guadeloupe : Les jardins tropicaux de Basse-Terre, avec leurs roses de porcelaine, hibiscus, oiseaux de paradis et autres anthuriums (p. 92)

3 Barbade : L'Orchid World & Tropical Flower Garden, qui abrite la plus grande collection d'orchidées des Caraïbes (p. 51)

4 Grand Cayman : Le **Queen Elizabeth II Botanic Park** et ses superbes jardins et aménagements floraux (p. 104)

5 Tortola : Les J.R. O'Neal Botanic Gardens et leurs plantes tropicales variées (p. 128)

En 5 parcs nationaux

1 Bahamas : Le Lucayan National Park et son réseau de grottes sous-marines (p. 44)

2 Bonaire : Le Washington Slagbaai National Park, avec ses perroquets et ses flamants roses (p. 57)

3 Guadeloupe : Le Parc national de la Guadeloupe, dominé par le volcan de la Soufrière (p. 90)

4 St. John : Le Virgin Islands National Park, ses 800 variétés de plantes et ses 50 espèces d'oiseaux tropicaux (p. 119)

5 Cuba : Le Parque Nacional Guanahacabibes, qui couvre le territoire terrestre et maritime de la pointe ouest de l'île (p. 63)

En 5 lieux où observer la faune

1 Aruba : La Butterfly Farm, un jardin tropical peuplé de papillons provenant des quatre coins de la planète (p. 36)
2 Trinité-et-Tobago : L'Asa Wright Nature Centre,un lieu idéal pour observer 400 espèces d'oiseaux (p. 193)
3 Grenadines : L'Oldhegg Turtle Sanctuary, une initiative privée d'un ancien pêcheur pour favoriser la survie des tortues (p. 190)
4 Anegada : Les étangs salés près de Nutmeg Point, où l'on peut observer des **flamants roses** (p. 125)
5 St. Thomas : À Coki Point, le Coral World Ocean Park est un endroit idéal pour découvrir la vie marine des Caraïbes (p. 122)

En 5 volcans

1 Montserrat : La Soufrière, qui a détruit la moitié sud de l'île en 1995 (p. 148)
2 Sainte-Lucie : Du volcan Qualibou jaillit une source souterraine qui alimente des bains minéraux (p. 173)
3 Saint-Vincent : Le volcan de la Soufrière, toujours en activité, dont les éruptions sont à la fois redoutées et régulières (p. 188)
4 Guadeloupe : La Soufrière, un volcan qui culmine à 1 467 m (p. 92)
5 Martinique : La montagne Pelée, un volcan qui figure parmi les plus surveillés au monde (p. 139)

En 10 plages

1 Haïti : La Côte des Arcadins aligne de belles plages le long d'une mer turquoise et tranquille (p. 97)

2 Saint-Barthélemy : L'Anse de Grande Saline, une plage réputée pour sa beauté sauvage, les collines verdoyantes qui l'entourent, son sable fin et ses eaux cristallines (p. 168)

3 Bonaire : Pink Beach, réputée pour son sable rose (p. 58)

4 Virgin Gorda : Savannah Bay Beach, une des plages les plus féeriques des îles Vierges britanniques pour contempler les couchers de soleil (p. 130)

5 Tortola : **Cane Garden Bay** et Apple Bay, renommées pour la pratique du surf et les restaurants et bars à proximité (p. 128)

6 Îles Turks et Caicos : Little Bluff Point Beach, une plage adossée à une falaise, se trouve juste à l'ouest du phare. En saison, les flamants viennent aussi s'y baigner (p. 111)

7 Martinique : La Grande Anse des Salines, avec son sable blanc et fin, ses eaux turquoise et tièdes, ses cocotiers qui penchent vers la mer : une carte postale parfaite qui s'étend sur 1 km (p. 141)

8 Anegada : Loblolly Bay Beach, une petite plage paradisiaque (p. 125)

9 Jost Van Dyke : White Bay, l'une des plus belles plages des Caraïbes (p. 126)

10 Cuba : Playa Pilar, la plus belle plage de Cuba selon Hemingway (p. 66)

En 10 sites de plongée

1 Sint Marteen: Dawn Beach, pour la plongée-tuba (p. 180)

2 Sainte-Lucie: Anse Chastanet Beach, avec son récif tout proche: un bonheur! (p. 173)

3 République dominicaine: Bayahibe et les nombreux récifs coralliens à proximité (p. 160)

4 Tortola: Salt Island, pour explorer l'épave du **RMS *Rhone*** gisant depuis 1867 (p. 128)

5 St. Croix: Le Buck Island Reef National Monument, un superbe site de plongée dans un véritable parc marin (p. 116)

6 Îles Turks et Caicos: Pillory Beach, avec un vrai récif-barrière tout proche (p. 111)

7 Grenade: Le Levera National Park et ses bancs de corail (p. 84)

8 Curaçao: Le Curaçao Marine Park, une réserve océanographique protégeant de superbes récifs coralliens (p. 73)

9 Bonaire: Le Bonaire National Marine Park et ses sites de plongée et récifs coralliens protégés (p. 58)

10 Little Cayman: Pour assister un des chercheurs du Little Cayman Research Centre dans sa collecte de données (p. 105)

En 5 hauts lieux de la vie nocturne

1 Cuba : Le Malecón, le front de mer emblématique de La Havane (p. 62)
2 **Puerto Rico** : La jeunesse retrouvée des rues du vieux San Juan (p. 152)
3 Jamaïque : Les restaurants et les bars d'Ocho Rios, véritable capitale touristique de la côte nord (p. 132)
4 Curaçao : La plage de Sea Aquarium, pour ses kiosques de massage, ses bars et ses discothèques (p. 73)
5 Bahamas : Le plus grand casino des Caraïbes, au mégacomplexe Atlantis Paradise Island Resort & Casino (p. 42)

En 5 randonnées pédestres

1 Grenade : Le Seven Sisters Trail, une promenade inoubliable jalonnée de sept chutes dans la forêt vierge (p. 84)
2 République dominicaine : L'ascension du sommet le plus élevé de l'île et des Caraïbes, le Pico Duarte (p. 162)
3 Guadeloupe : Une balade dans la forêt tropicale sur le sentier d'interprétation du Parc national de la Guadeloupe (p. 90)
4 Puerto Rico : À travers la forêt tropicale humide d'El Yunque, déclarée réserve de la biosphère par l'UNESCO (p. 154)
5 Saint-Vincent : l'ascension du volcan de la Soufrière, une des plus belles randonnées des Caraïbes (p. 188)

En 5 sites inscrits au patrimoine de l'UNESCO

1 Dominique : Le **Morne Trois Pitons National Park** et ses paysages époustouflants (p. 78)

2 Puerto Rico : Le vieux San Juan et ses anciens bâtiments coloniaux aux tons pastel (p. 152)

3 Saint-Kitts : Brimstone Hill, le « Gibraltar des Antilles » (p. 184)

4 Puerto Rico : Le Fuerte San Felipe del Morro et ses fortifications militaires dominant l'extrémité de la péninsule (p. 153)

5 Haïti : La Citadelle, qui veille à la fois sur Cap-Haïtien et sur la côte Atlantique, à 900 m d'altitude sur le pic Laferrière (p. 98)

En 5 expériences culturelles

1 Grenade : Visiter l'usine de conditionnement de Gouyave, où sèchent les noix de muscade (p. 84)

2 Guadeloupe : Assister à la très colorée fête des Cuisinières et admirer les robes de madras (p. 88)

3 Trinité-et-Tobago : Participer au Carnaval de Trinité-et-Tobago à Port d'Espagne, l'un des plus célèbres des Caraïbes (p. 192)

4 Cuba : S'initier aux rythmes de la rumba afro-cubaine au Callejón de Hamel (p. 62)

5 Curaçao : Visiter le Kurá Hulanda Museum, qui explique l'histoire du « commerce triangulaire » (p. 71)

En 10 expériences uniques

1 Curaçao : Une plongée avec poissons tropicaux, raies, tortues de mer et même dauphins par le biais de la Dolphin Academy (p. 73)

2 Sainte-Lucie : Une baignade dans des bains minéraux alimentés par une source souterraine qui jaillit du volcan Qualibou (p. 173)

3 Puerto Rico : L'exploration du **Río Camuy Cave Park**, un réseau de grottes et un paradis pour les spéléologues (p. 154)

4 Grand Cayman : Une visite à la Cayman Turtle Farm afin de découvrir les tortues de mer (p. 104)

5 La Barbade : Le traitement de la canne à sucre à la St. Nicholas Abbey, une maison de plantation datant de 1650 et dessinée dans un étonnant style jacobite (p. 54)

6 Antigua-et-Barbuda : Un barbecue dominical animé par des musiciens et tenu à Shirley Heights, avec vue sur le port de St. John's (p. 31)

7 Bahamas : Un concert de la fanfare de la Royal Bahamas Police Band de Nassau, vêtue de tuniques en peau de léopard et de casques coloniaux! (p. 41)

8 Jamaïque : Une descente du Rio Grande en radeau de bambou (p. 136)

9 Martinique : Une rasade de « ti-punch sur les fonds blancs » dans la Baignoire de Joséphine (p. 144)

10 Îles Turks et Caicos : Une visite à la Caicos Conch Farm, la seule ferme d'élevage de conques au monde! (p. 111)

découvrir les caraïbes

1 Anguilla

Faisant partie des Antilles orientales, Anguilla est située à un peu plus de 3 km au nord de l'île de Saint-Martin. Il s'agit non seulement d'une île, mais aussi d'un archipel. Son île principale, Anguilla, a une superficie de 91 km^2, ce qui en fait une île plutôt facile à explorer. Découverte par Christophe Colomb en 1493, Anguilla est d'abord colonisée par les Anglais, puis rattachée à la colonie de Saint-Christophe-Niévès-Anguilla. En 1967, elle se retire de la colonie, une situation entérinée par le Royaume-Uni en 1971. Finalement, en 1980, Anguilla devient un territoire britannique d'outre-mer.

À voir, à faire

(voir carte p. 27)

Anguilla est une île plutôt calme et, à part ses nombreuses plages qui sont toutes plus magnifiques les unes que les autres, il n'y a pas tant à faire. La Valley Road, qui traverse l'île et la capitale en son cœur, permet d'admirer quelques bâtiments historiques d'intérêt : l'**Ebenezer's Methodist Church**, le **Rose Cottage** et le **Warden's Place**, entre autres.

Sandy Ground ★★

Ce petit village compte quelques bons restaurants et, en soirée, sa vie nocturne attire les gens de partout sur l'île.

Crocus Hill ★★

Profitez de votre séjour pour monter au sommet de Crocus Hill, qui offre une superbe vue sur les environs.

East End

L'**Heritage Museum** ★★★ *(lun-sam 10h à 17h; 264-497-4092)* abrite

Anguilla
Localisation
États-Unis
Cuba
OCÉAN ATLANTIQUE
République dominicaine
Haïti
Jamaïque
Mer des Caraïbes
OCÉAN ATLANTIQUE
Scrub Island
Mer des Caraïbes
Shoal Bay
Shoal Bay Village
Island Harbour
Mount Fortune
Savannah Bay
East End
North Side
Little Bay
Crocus Bay Beach
Crocus Bay
The Valley
Crocus Hill
Sandy Hill Bay
Clayton J. Lloyd International Airport
North Hill Village
Sandy Ground
Lower South hill
George Hill
Forest Bay
Long Bay Village
South Hill Village
Blowing Point
Anguilla Channel
Barnes Bay
West End Village
Rendezvous Bay
Cove Bay
Anguillita Island
0
2,5
5km
©ULYSSE

Shoal Bay.

une collection d'artéfacts qui permet d'en apprendre davantage sur l'histoire de l'île.

The Valley

Construite en 1787, la **Wallblake House** ★★ *(visites guidées sur réservation; 264-497-6613, www.wallblake.ai)* est la seule maison de plantation de l'île toujours debout.

Les plages

Anguilla comptant plus d'une trentaine de plages de sable blanc, vous trouverez certainement celle de vos rêves. Plage très populaire et familiale, **Shoal Bay** ★★★ s'étend au nord-ouest de l'île, avec un récif proche du rivage qui fait le bonheur des amateurs de plongée-tuba. **Little Bay** ★★ est une plage peu éloignée de The Valley, et l'on y accède par bateau ou en descendant la falaise. Un effort qui permet d'accéder à des eaux limpides et à une tranquillité assurée.

Achats

Anguilla n'est pas très bien pourvue en commerces. Toutefois, la plupart des hôtels possèdent leur propre petite boutique et vous y trouverez sûrement quelques échantillons de l'artisanat local: vannerie en feuilles de maïs ou en sisal, poupée de bois, bijoux, pièces de céramique... Quelques galeries, à George Hill et Island Harbour

notamment, proposent les œuvres des peintres et autres artistes locaux.

Cafés et restos

da'Vida

Crocus Bay Beach, 264-498-5433, www.davidaanguilla.com

Avec sa localisation directement sur la plage, da'Vida est l'endroit idéal pour les couples en mal de romantisme. On y sert une délicieuse cuisine caribéenne.

Veya Restaurant

Sandy Ground, 264-498-8392, www.veya-axa.com

Le Veya Restaurant n'est pas pour toutes les bourses. Mais si l'on est argenté, on sera ravi de s'offrir ses mets anguillais raffinés et bien épicés.

Gwen's Reggae Grill

Shoal Bay, 264-497-2120

L'endroit où se retrouver avec les gens du coin et bien manger pour pas cher.

Logement

La pointe occidentale de l'île regroupe les grands complexes hôteliers de luxe (**Meads Bay Beach Villas**, **CuisinArt Golf Resort & Spa**). À Sandy Ground, les lieux d'hébergement sont moins développés et de formule plus simple (**Sydans Apartments & Villas**), tout comme pour la partie est de l'île (**Shoal Bay Villas**, **Arawak Beach Inn**).

2

Antigua-et-Barbuda

Avec ses 365 plages, une pour chaque jour de l'année, Antigua-et-Barbuda fascine tous ceux pour qui le mot «vacances» rime avec «sable blanc». Mais, en plus d'offrir des plages parmi les plus paradisiaques des Antilles, Antigua-et-Barbuda propose la découverte d'un riche héritage colonial. Nature et culture s'y donnent donc rendez-vous.

Située au nord de la Guadeloupe, Antigua-et-Barbuda se compose en fait de trois îles qui font partie des Leeward Islands, dans les Petites Antilles: Antigua, Barbuda (au nord) et l'îlot inhabité de Redonda. En 1674, Sir Christopher Codrington fonde la première plantation de canne à sucre. En 1685, il loue l'île entière à la Couronne britannique pour la modique somme «d'un gros cochon par an si demande est faite» afin d'y implanter, avec succès, d'autres plantations. L'esclavage est subitement aboli en 1834, livrant les anciens esclaves à eux-mêmes. En 1981, Antigua-et-Barbuda accède à l'indépendance et devient un État membre du Commonwealth.

À voir, à faire

(voir carte p. 34)

Antigua

Antigua fait 22 km de long sur 18 km de large. Peu accidentée, elle se visite aisément. Il est donc facile de faire alterner bain de soleil et découverte de la capitale, des villages et des côtes.

St. John's ★★, la capitale, est établie sur le bord d'une baie profonde et bien abritée, dans le nord-ouest de l'île. Elle est dominée par sa vieille **cathédrale anglicane**, fondée en 1681 et reconstruite en 1845 après un violent tremblement de terre.

L'English Harbour vu depuis Shirley Heights.

Elle fut endommagée de nouveau par un séisme en 1974. Le proche **Museum of Antigua and Barbuda** *(Long St., www.antiguamuseums.net)*, logé dans l'ancien tribunal colonial, présente sommairement l'histoire et la formation géologique des îles. Au sud du centre (par Market Street), il ne faut pas manquer de visiter le **marché**, qui atteint son paroxysme les vendredi et samedi en matinée. La superbe baie d'**English Harbour** ★★★, sur la côte sud, révèle le riche passé d'Antigua. Il est possible d'y visiter l'ancien chantier naval (XVIIIe siècle) au **Nelson's Dockyard National Park** *(www.nationalparksantigua.com)*. La base, commandée un temps par l'amiral Nelson, était la plus importante des Antilles anglaises. Fermée en 1889, elle a été réhabilitée et abrite aujourd'hui une marina prestigieuse, cadre de la très renommée *Sailing Week*, attirant au printemps des plaisanciers du monde entier. L'**Admiral's House Museum** explore son histoire. Non loin, on peut observer la **Clarence House**, lieu de résidence du futur roi Guillaume IV alors qu'il était en poste dans l'île.

Afin de jouir du plus beau point de vue de l'île, il faut grimper (en voiture) jusqu'à **Shirley Heights** ★★★. De cet ancien poste d'observation, le panorama s'ouvre sur le port et porte certains jours jusqu'en Guadeloupe. Le dimanche, l'endroit est envahi par des musiciens et les barbecues s'enflamment. En chemin, le **Dow's Hill Interpretation Center** propose une exposition multimédia sur l'histoire d'Antigua.

Betty's Hope Plantation.

Au cœur de l'île, on peut découvrir les vestiges de la **Betty's Hope Plantation** ⋆, fondée par Sir Christopher Codrington en 1674. Une « sucrote » (moulin à broyer la canne) y a été restaurée.

Depuis le XVIIIe siècle, l'île d'Antigua est réputée pour sa poterie. Il faut aller au **Sea View Farm Village** ⋆⋆ pour voir les potiers à l'œuvre. On pourra se procurer des poteries typiques sur place, bien que plusieurs boutiques de l'île en proposent également (réputées pour leur fragilité légendaire). Pour apprécier l'art et l'artisanat local, il faut se diriger vers **Brown's Bay**, où se trouve l'**Harmony Hall Art Gallery**.

Des excursions sont proposées en grand nombre, notamment en bateau. Voile, plongée-tuba, plongée sous-marine, pêche, écotourisme et observation des oiseaux dans les îlots inhabités du nord-est sont au menu. Les plages de sable blanc les plus populaires de l'île ont pour nom **Fort James Beach** (à 5 min du port), **Dickenson Bay** (complexes balnéaires), **Darkwood Beach** (plongée-tuba) et **Turner's Beach**, sur la côte sud-ouest (l'eau y est calme, on peut louer parasols et chaises longues et les restaurants y sont nombreux), et **Half Moon Bay**, à l'extrême sud-est (plus sauvage et isolée, parfaite pour qui recherche la tranquillité).

Barbuda ⋆⋆

L'île de Barbuda, au nord d'Antigua, est une destination idéale pour une excursion d'une journée. On y accède par bateau (service de navette depuis St. John's, sur l'île d'Antigua, *www.barbudaexpress.com*) après

Bird Sanctuary.

une traversée quelque peu mouvementée de 1h30. La petite ville de Codrington concentre les différents services et commerces. Vous y trouverez l'office du tourisme, qui pourra vous indiquer où trouver un guide pour visiter l'île. Au nord de Barbuda se trouve le **Bird Sanctuary** ★★, où l'une des plus grandes colonies de frégates superbes se réunit pour leur nidification. Durant la saison des amours (fin septembre à mars), vous pouvez admirer les parades nuptiales des mâles qui gonflent la poche d'un rouge flamboyant située juste sous leur bec. Au sud de l'île, une tour fortifiée (**Martello Tower**) est le point le plus haut de l'île et offre ainsi une vue exceptionnelle sur les alentours. Sans conteste la plus belle et la plus isolée des plages de Barbuda, **Pink Beach** ★★★ est un havre de paix de sable fin aux reflets roses, qu'il vaut mieux rejoindre en taxi puisque la route y menant est mal indiquée.

Achats

Dans les différentes boutiques près du port, vous trouverez un jeu de « warri », très populaire sur l'île et variante locale du jeu africain de l'awalé. Le savoir-faire des potiers a longtemps fait la réputation d'Antigua et le meilleur endroit pour acheter de belles pièces reste le **Sea View Farm Village**, au cœur de l'île.

Cafés et restos

Caribbean Taste

English Harbour, 268-562-3049

Ouvert pour les trois repas de la journée, le petit restaurant Caribbean Taste sert à ses clients des

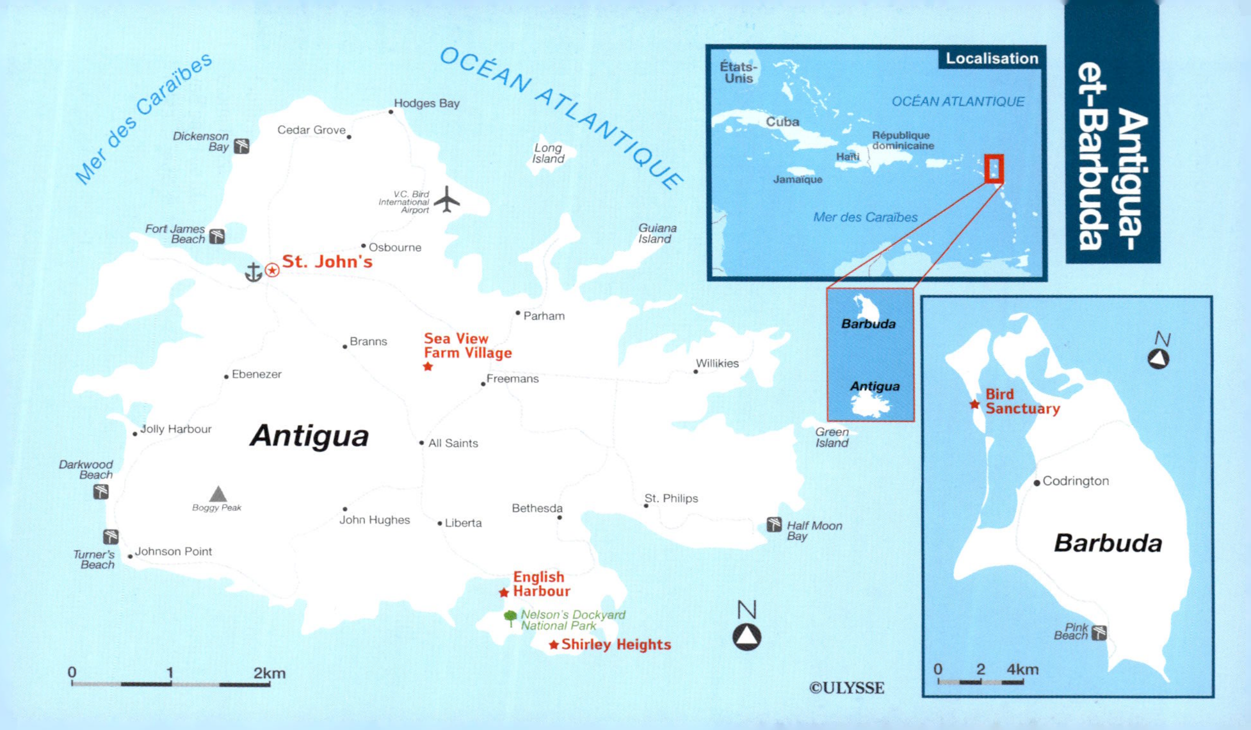
Antigua-et-Barbuda
Localisation
États-Unis
Cuba
OCÉAN ATLANTIQUE
République dominicaine
Haïti
Jamaïque
Mer des Caraïbes
Barbuda
Antigua
Mer des Caraïbes
OCÉAN ATLANTIQUE
Hodges Bay
Cedar Grove
Dickenson Bay
Long Island
V.C. Bird International Airport
Fort James Beach
Osbourne
Guiana Island
St. John's
Parham
Branns
Sea View Farm Village
Willikies
Ebenezer
Freemans
Jolly Harbour
Antigua
All Saints
Green Island
Darkwood Beach
Boggy Peak
St. Philips
John Hughes
Liberta
Bethesda
Half Moon Bay
Turner's Beach
Johnson Point
English Harbour
Nelson's Dockyard National Park
Shirley Heights
N
0
1
2km
©ULYSSE
N
Bird Sanctuary
Codrington
Barbuda
Pink Beach
0
2
4km

L'hôtel St. James's Club.

mets antiguais dans un mariage de cuisines antillaise et indienne. Pour étancher sa soif, rien ne vaut un de ses jus de fruits fraîchement pressés.

Le Bistro

Hodges Bay, 268-462-3881, www.antigualebistro.com

Installé dans l'île depuis longtemps, Le Bistro jouit d'une bonne réputation grâce à son service attentionné et à son ambiance paisible. Son authentique cuisine française, merveilleusement préparée à partir des produits du marché, régale tous les convives.

Mama Lolly's Vegeterian Café

Redcliffe Quay, St. John's, 268-562-1552

Voilà le meilleur restaurant végétarien de St. John's. En plus d'offrir un service souriant et une ambiance amicale, Mama Lolly's propose des jus frais, des salades et des plats du jour, comme de la lasagne, du chili et du *roti*, tous apprêtés sans viande.

Logement

St. John's présente peu de possibilités d'hébergement si ce n'est les formules hôtelières classiques (**Heritage Hotel**, **City View Hotel**). Sont privilégiés les hôtels de type «tout inclus» qui jalonnent les côtes d'Antigua, de Five Islands (**Galley Bay Resort & Spa**) à Jolly Harbour (**Cocobay**) en passant par Mamora Bay (**St. James's Club**) ou Long Bay (**Verandah Resort & Spa**). C'est à English Harbour que l'on trouve les plus charmantes chambres d'hôtes de l'île (**Admiral's Inn**, **Ocean Inn**).

3

Aruba

La côte méridionale d'Aruba, petit bijou des îles Sous-le-Vent, est caressée par des eaux cristallines et bordée d'une végétation luxuriante propre à l'île. Ses plages de sable blanc sont de renommée mondiale. La côte septentrionale offre, quant à elle, des panoramas plus émouvants, avec ses parois rocheuses qui font l'envie des grimpeurs.

Aruba, territoire néerlandais de 193 km², se trouve à environ 25 km au nord-ouest du Venezuela. L'île est habitée par une population polyglotte qui s'exprime en néerlandais, en anglais, en espagnol, en papiamento (un créole à base de portugais employé à la maison), en français et en allemand. Le 1er janvier 1986, elle est devenue une entité politique distincte au sein du Royaume des Pays-Bas, un événement aux proportions historiques pour les habitants de l'île.

À voir, à faire

(voir carte p. 37)

Oranjestad ★

La capitale de l'île, Oranjestad, regroupe quelques musées aux thèmes divers. L'**Historical Museum** *(Zoutmanstraat 6, 297-582-6099)*, dans le **Fort Zoutman**, possède une collection d'objets liés à l'histoire d'Aruba, depuis l'époque des premiers habitants, les Caiquetios, jusqu'à nos jours. Quant à l'**Archaeological Museum** *(Schelpstraat 42, 297-582-8979, http://namaruba.org)*, il abrite, dans cinq salles d'exposition, des amphores contenant les restes incinérés de quelques-uns des premiers habitants de l'île, des outils et divers objets d'art anciens.

Ailleurs dans l'île

La **Butterfly Farm** ★★ *(J.E. Irausquin Blvd., 297-586-3656, www.thebutterflyfarm.com)*, située à **Palm**

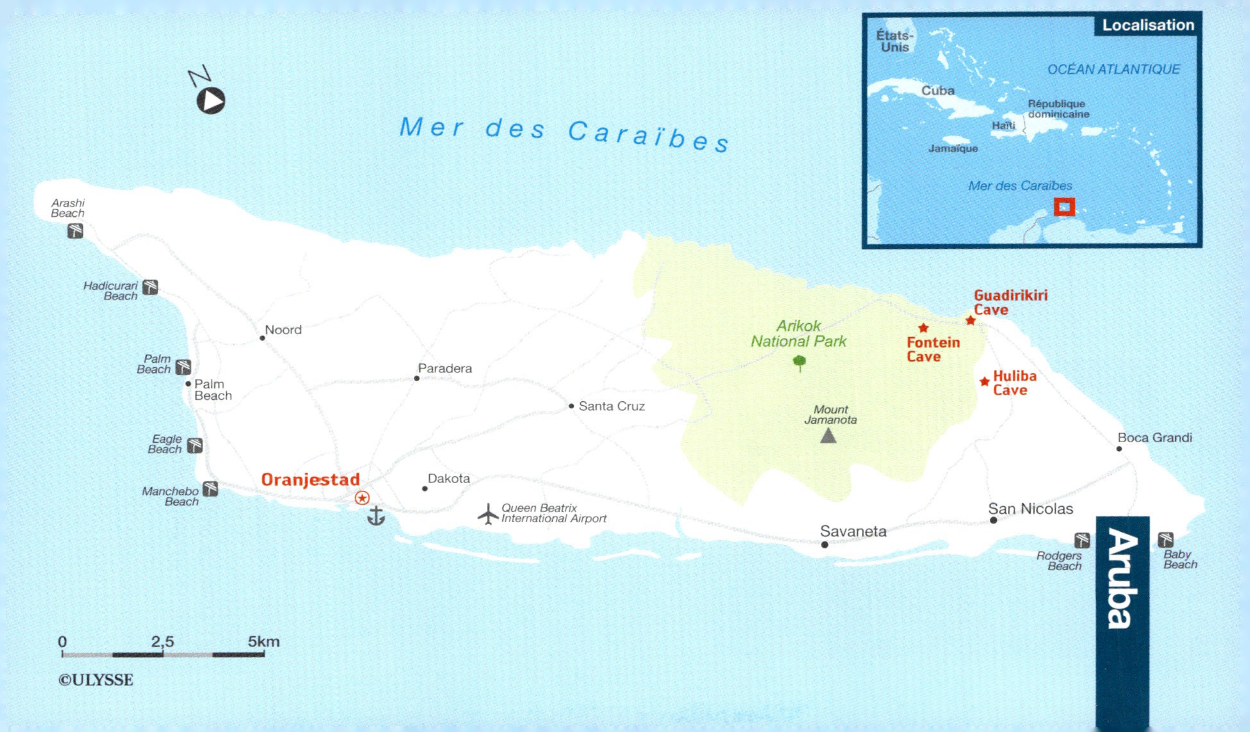
Aruba
Localisation
États-Unis
OCÉAN ATLANTIQUE
Cuba
République dominicaine
Haïti
Jamaïque
Mer des Caraïbes
Mer des Caraïbes
Arashi Beach
Hadicurari Beach
Noord
Palm Beach
Palm Beach
Paradera
Santa Cruz
Eagle Beach
Manchebo Beach
Oranjestad
Dakota
Queen Beatrix International Airport
Arikok National Park
Mount Jamanota
Fontein Cave
Guadirikiri Cave
Huliba Cave
Boca Grandi
San Nicolas
Savaneta
Rodgers Beach
Baby Beach
0
2,5
5km
©ULYSSE

Butterfly Farm.

Beach, en fascinera plus d'un grâce à son jardin tropical peuplé d'une pléiade de papillons provenant des quatre coins de la planète. En outre, il est possible d'y observer les différentes phases de la métamorphose de l'insecte, soit de l'œuf à la chenille et de la chrysalide au papillon.

Aruba se distingue également par un ensemble de grottes réputées pour leur beauté. La **Guadirikiri Cave** comporte deux cavités baignées de rayons lumineux. Elle renferme un tunnel de 30 m de longueur habité par des chauves-souris. On raconte d'ailleurs que cette grotte fut jadis le repaire de pirates. La **Fontein Cave** ★★ conserve, tel un musée, des dessins réalisés par les Arawaks. La **Huliba Cave** ★★★ demeure pour sa part mieux connue sous le nom de *Tunnel of Love* en raison de son ouverture en forme de cœur.

Les plages

Les plages de sable blanc les plus populaires de l'île ont pour nom **Hadicurari Beach** ★★ (plongée-tuba, planche à voile), **Palm Beach**, **Eagle Beach** ★★★ (idéale pour les pique-niques), **Rodgers Beach** ★ et **Baby Beach** ★ (parfaite, comme son nom l'indique, pour les jeunes enfants).

Achats

Au sud d'Oranjestad, à la **Brouwerij Nacional Balashi**, vous pouvez vous procurer la bière locale nommée Balashi, brassée sur place selon l'héritage des brasseurs hollandais, comme l'explique la visite guidée. Les amateurs de produits de luxe trouveront leur bonheur dans les boutiques de grandes marques situées à **Palm Beach**. Prenez le temps de faire du lèche-vitrine dans les rues d'**Oranjestad** pour y dénicher aussi bien des poteries d'inspiration arawak que des porcelaines de tradition hollandaise.

Cafés et restos

Café The Plaza

L.G. Smith Blvd. 9, Oranjestad, 297-583-8826

Le Café The Plaza abrite une jolie terrasse, en plus de servir de bons repas abordables d'inspiration néerlandaise. Ses brochettes de porc ou de poulet sont accompagnées de

Huliba Cave.

sauce aux arachides, tout comme ses hamburgers peuvent l'être d'une bonne bière.

El Gaucho

Wilhelminastraat 80, Oranjestad, 297-582-3677

Les touristes qui visitent Aruba ne seront pas déçus des grills et autres rôtisseries qu'ils trouveront dans l'île. Ils ne pourront se tromper en choisissant, par exemple, le restaurant argentin El Gaucho, réputé pour son excellent filet de bœuf argentin. On y sert aussi quelques plats de poisson. À noter que le port du short y est interdit.

Sunset Grille

Hilton Aruba Caribbean Resort & Casino, J.E. Irausquin Blvd. 81, Palm Beach, 297-586-6555

Au Sunset Grille, de grands chefs de renommée internationale vous en mettent plein la vue : ils apprêtent devant vous de la cuisine américaine (steaks, côtelettes, fruits de mer) ainsi que des sushis.

Logement

La plupart des offres d'hébergement se concentrent au nord d'Oranjestad, autour de Noord et Palm Beach, et se présentent sous la forme de grands complexes hôteliers (**Bucuti & Tara Beach Resort**, **Divi Village Golf & Beach Resort**) ou de formule tout-inclus (**Divi Aruba All Inclusive**, **Tamarijn Aruba All Inclusive**). Des hôtels plus classiques sont présents (**MVC Eagle Beach**, **Amsterdam Manor Beach Resort**). À Oranjestad, l'offre est peu diversifiée et consiste essentiellement en un grand complexe hôtelier (**Renaissance Aruba Resort & Casino**).

4

Bahamas

Sable rose, trous bleus et Barbe-Noire... Un peuple attachant, fier et sans prétention... Les Bahamas possèdent deux personnalités bien distinctes qui en font en quelque sorte deux pays différents. D'un côté, il y a New Providence (Nassau), Paradise Island et Grand Bahama (Freeport), qui offrent l'éclat rutilant et le rythme trépidant des casinos, des bars, des navires de croisière, des boutiques chères, des yachts de luxe et des mégacomplexes hôteliers où descend une clientèle assortie. De l'autre s'impose un ensemble d'îles beaucoup plus paisibles et peu peuplées faisant figure de dernière frontière, les « Family Islands ».

Les Bahamas forment un long archipel qui s'étire sur 885 km. Sur les quelque 700 îles qui font partie des Bahamas, seulement 30 sont habitées. Les Bahamas recèlent mille et un trésors naturels et historiques.

À voir, à faire

(voir carte p. 47)

Nassau (New Providence) ★★★
Nassau, la capitale des Bahamas, se trouve sur l'île de New Providence. La plupart des touristes passent leurs vacances sur cette île, principalement à Paradise Island ou Cable Beach.

Ville portuaire affairée, Nassau s'enorgueillit de quelques attraits intéressants et d'élégants édifices gouvernementaux remontant à l'époque coloniale (XIXe siècle). Beaucoup de ces édifices sont roses et rehaussés de colonnades autour de **Parliament Square** ★★★, qui fait face à Rawson Square. Là, devant les canons du Parlement, se dresse une statue de la reine Victoria. Cachée derrière, la **Nassau Public Library** ★★★ loge dans l'ancienne prison, un bâtiment octogonal singulier datant de 1797, en forme de tour et de couleur rose lui aussi.

Nassau Public Library.

Bordée de magasins à arcades, Bay Street mène rapidement, vers l'ouest, au fameux **Straw Market** ★★★, où les artisans vendent leurs paniers, chapeaux, poupées, sacs et nattes de paille et palmes tressées. Il avoisine la Vendue House, où se trouve l'intéressant **Pompey Museum** ★★★ *(Bay St.)*, consacré à l'esclavage aux Bahamas.

D'ici on aperçoit la tour carrée de la **Christ Church Cathedral** ★★ *(George St., www.christchurchcathedralbahamas.com)*, une église anglicane édifiée en 1837. Dans la rue latérale se trouve le musée **Pirates of Nassau** *(angle George St. et King St., 242-356-3759, www.pirates-of-nassau.com)*, qui évoque de manière interactive et un peu caricaturale le passé sulfureux de New Providence, base arrière des forbans au XVIIe siècle. Toute rose, la **Balcony House** ★★★ *(Market St.)* est la plus vieille maison de Nassau. Au-delà, on atteint la **Government House** ★★ *(accès par Blue Hill Rd.)*, également rose, où se tient, un samedi sur deux, une pittoresque relève de la garde. La fanfare de la **Royal Bahamas Police Band** se produit alors vêtue de tuniques en peau de léopard et coiffée de casques coloniaux! Une **statue de Christophe Colomb** se dresse à mi-chemin du grand escalier qui domine la ville.

Sur les hauteurs également, le **Fort Fincastle** ★★ (1793) offre une belle vue sur le port. On y accède par le **Queen's Staircase** ★★★, un escalier de 65 marches taillées à même le roc par les esclaves.

Légèrement excentré, le jardin botanique du Bahamas National Trust, **The Retreat** ★★, présente une

Paradise Island.

belle collection de palmiers dans un enclos de verdure de 4,5 hectares.

Les amants de la faune et de la flore ne voudront pas manquer de voir l'**Ardastra Gardens, Zoo & Conservation Centre** ★ *(242-323-5806, www.ardastra.com)*, un petit zoo peuplé de plantes et d'oiseaux exotiques. Il se cache près du puissant **Fort Charlotte** ★★★, bâti en 1789, et d'**Arawak Cay** ★, un îlot relié à l'île principale, où se trouvent de nombreux restaurants de fruits de mer.

Plus à l'ouest, **Cable Beach** ★★ regroupe d'immenses complexes hôteliers entièrement autonomes. Sur toute la longueur de West Bay Street, vous découvrirez de magnifiques sections de plages sablonneuses et des eaux cristallines se prêtant bien à la pratique de sports et activités nautiques.

Paradise Island ★★★

Cette île autrefois privée s'étire en parallèle du front de mer de Nassau, auquel elle est reliée par un pont impressionnant. Ses **plages** spectaculaires ont favorisé un développement sans précédent de grands hôtels, d'immeubles en copropriété et de résidences privées. L'**Atlantis Paradise Island Resort & Casino** ★★★ *(1 Casino Dr., 242-363-3000, www.atlantisbahamas.com)*, un mégacomplexe couvrant plus de 4 ha, abrite le plus grand casino des Caraïbes et un fantastique parc aquatique. Les **Blue Lagoon Island** ★★, **Paradise Beach**, **Hartford Beach** ★★, **Cabbage Beach** ★★ et **Snorkeler's Cove Beach** ★★★ sont toutes bordées de sable blanc très fin. Mais Paradise Island n'est pas que plage. Elle s'enorgueillit de ses **Versailles Gardens** ★★★ et de son **Cloister** ★★★, un authentique

monastère français du XIVe siècle reconstruit pierre par pierre dans ce cadre tropical. Une pure merveille! Quant au **Potter's Cay** ★★, il s'agit d'un marché où l'on peut se procurer fruits, légumes et crustacés, aménagé à même les quais. L'endroit tout désigné pour goûter de la conque fraîche.

Grand Bahama ★★

Grand Bahama s'impose comme le rendez-vous des amateurs de faste et de plage. Deux casinos et d'innombrables boutiques en font l'une des haltes favorites des navires de croisière.

Freeport ★ est la principale ville de l'île et la deuxième en importance au pays. Le charme de New Providence ou des Family Islands lui fait sans doute défaut, mais il y a tout de même beaucoup à voir et à faire à Freeport.

Mise sur pied par l'Underwater Explorers Society, ou UNEXSO, l'activité **Dolphin Close Encounter** ★★★ *(Port Lucaya Marina, Freeport, 242-373-1244, www.unexso.com)* donne l'occasion aux plongeurs et aux simples nageurs d'interagir directement avec les dauphins. Il est toutefois recommandé de réserver. L'UNEXSO organise diverses autres excursions de plongée sous-marine, en particulier autour des épaves. Le **Port Lucaya Marketplace** ★★ voisin renferme une centaine de magasins. Il a supplanté l'International Bazaar, dont la plupart des kiosques ont migré ici à la suite du passage d'un ouragan dévastateur en 2005.

Trois parcs méritent d'être visités sur l'île. Le **Garden of the Groves** ★★★ *(Midshipman Rd., Freeport, 242-374-7778, www.thegardenofthegroves.com)* est un joli jardin privé très tou-

Garden of the Groves.

ristique, conçu autour de plusieurs bassins et de cascades où le visiteur peut voir des échassiers et des tortues; on y célèbre souvent des mariages. Bien plus sauvage, le **Lucayan National Park** ★★★ s'étend sur 16 hectares, à l'extrémité est de l'île. Il a été créé pour protéger un important réseau de grottes sous-marines, domaine d'un rare crustacé sans yeux (*Remipedia*). Une passerelle en bois donne l'occasion de l'explorer, révélant au passage des massifs de lilas des Indes, des tamariniers sauvages et des raisiniers, de même qu'une plage isolée (Gold Rock Creek Beach). Oasis au cœur de Freeport, le **Rand Memorial Nature Centre** ★★ *(East Settler's Way)* permet d'admirer une variété de plantes, des oiseaux en cage ou d'autres oiseaux migrateurs venus hiverner aux Bahamas (entre octobre et mai).

Andros ★★

La barrière corallienne et les trous bleus d'Andros offrent le meilleur des deux mondes aux amateurs de plongée-tuba et de plongée sous-marine. Les épaves du *Marion* (au large de Bowen Sound), du *Barge* (près de Coakley Town) et du *Potomac* (au large d'August Sound) sont un plaisir à explorer. Près de Coakley Town, **Small Hope Bay** ★★★ arbore un croissant de sable fin et doré et se prête à la baignade et aux bains de soleil. Non loin, **Andros Town** abrite l'**Androsia Batik Factory** ★★, dont les créations colorés et les tissus bigarrés sont un plaisir pour les yeux.

Les Exumas ★★★

Traversé par le tropique du Cancer près de Williams Town, l'archipel des Exumas se trouve à environ 65 km

Glass Window.

au sud-est de Nassau. La côte septentrionale de Little Exuma compte trois plages idylliques. Celles de **Pretty Molly Bay** ★★ et de **Forbes Hill** ★★ sont bordées de palmiers et de casuarinas. La troisième, **Tropic of Cancer Beach** ★★★, est longue, truffée de coquillages et caressée par des vagues régulières. La plongée-tuba et la plongée sous-marine se révèlent splendides autour de l'archipel et plus particulièrement dans les eaux de l'**Exuma Cays Land and Sea Park** ★★★, premier parc national voué à la protection d'une zone submergée.

Eleuthera et Harbour Island ★★★

Mince bande de terre à l'est de New Providence, Eleuthera est riche d'un magnifique littoral et d'une histoire particulière. À l'extrémité nord de l'île se trouve la **Preacher's Cave** ★★, où en 1648 des colons naufragés trouvèrent refuge avant de bâtir la colonie de **James Bay** à quelques kilomètres à l'est. De là partent les navettes maritimes pour la petite île voisine de Spanish Wells. Surnommée « l'île des abeilles ouvrières », **Spanish Wells** ★★ est une île épargnée par le tourisme de masse. La **Glass Window** ★★★ marque le lieu le plus étroit d'Eleuthera, avec, à l'est, les eaux bleu profond de l'océan Atlantique et, à l'ouest, les eaux turquoise du Bight of Eleuthera. À peu de distance au sud, de gros rochers marquent l'entrée des **Hot Tubs**, ces bains chauds ponctuant la rive orientale. Environ à mi-parcours de l'île, **Governor's Harbour** ★★ est le siège du gouvernement de l'île. On y trouve l'impressionnante **Hayne's Library** ★, construite en 1897, voisine de la St. Patrick's Anglican

Church et de son cimetière clôturé. Tendu de rose, l'impressionnant **Commissioner's Office** se fait le témoin du passé commercial florissant de la ville, tout comme les différentes demeures de négociants qui jalonnent le paysage. De l'autre côté de la colline, sur la côte Atlantique, s'étend la jolie plage de sable rose de **French Leave Beach** ★★★. À la pointe sud de l'île se dresse le sommet des falaises de **Cape Eleuthera** ★, qui dévoile un panorama saisissant. Après avoir longé la côte vers l'est jusqu'au bout d'une piste tortueuse et difficile, on trouve la plage la plus retirée et la plus spectaculaire d'Eleuthera, **Lighthouse Beach** ★★★.

Harbour Island, située à environ 2 km au nord d'Eleuthera, s'enorgueillit d'une merveilleuse plage de sable rose, la bien nommée **Pink Sands Beach** ★★★, qui s'étend sur la côte orientale. Un lieu idéal pour admirer un coucher de soleil! La ville de Dunmore Town se prête parfaitement à la flânerie entre ses différents bâtiments colorés et ses cottages en bois autour du port, notamment le pimpant **Loyalist Cottage** ★★★, construit en 1797.

Achats

Visiter les Bahamas constitue une occasion privilégiée pour faire des emplettes sans payer de taxes. De nombreuses boutiques de produits détaxés (parfum, bijoux, cigares...) se concentrent dans le **Port Lucaya Marketplace**, à Freeport. Nassau est un bon endroit pour trouver des produits locaux, comme le rhum de la **John Watling's Distillery**, ou encore

Bahamas
Grand Bahama International Airport
Water Cay
Freeport
Grand Bahama
Détroit de Floride
New Plymouth
Hope Town
Northwest Providence Channel
Les Biminis
Les Abacos
Marsh Harbour
Great Stirrup Cay
Coco Cay
Castaway Cay
Berry Islands
N
OCÉAN ATLANTIQUE
Red Bays
Nicholl's Town
Northeast Providence Channel
Preacher's Cave
Harbour Island
Lynden Pindling International Airport
Nassau
Paradise Island
Small Hope Bay
Gregory Town
Andros Town
New Providence
Eleuthera
Andros
Somerset Beach
Governor's Harbour
N. & S. Palmetto Point
Moxey Town
Tarpum Bay
Great Bahama Bank
Light House Beach
Half Moon Cay
Exuma Cays
Exuma Sound
Staniel Cay
Les Exumas
Cat Island
OCÉAN ATLANTIQUE
Lee Stocking Island
Great Exuma
Stocking Island
George Town
Simms
Rum Cay
San Salvador
Little Exuma
Long Island
Ragged Island Range
Clarence Town
Samana Cay
Crooked Island
0
50
100km
Localisation
États-Unis
OCÉAN ATLANTIQUE
Cuba
République dominicaine
Haïti
Jamaïque
Mer des Caraïbes
Acklins Island
Mayaguana
Little Inagua
Matthew Town
Great Inagua
©ULYSSE

Les îles privées des compagnies de croisières

Plusieurs des itinéraires proposés par les plus grandes compagnies de croisières incluent une escale sur des îles ou autres lieux dont elles sont propriétaires. La majorité se trouvent dans l'archipel des Bahamas et permettent de pratiquer toutes sortes de sports nautiques.

Située dans l'archipel des Berry Islands, **Great Stirrup Cay**, achetée par Norwegian Cruise Line en 1977, fut la première île où a été créée une station balnéaire privée développée spécifiquement pour les besoins d'une compagnie de croisières. Au programme: plage, cocotiers et eaux limpides.

Coco Cay, une petite île anciennement appelée «Little Stirrup Cay», appartient quant à elle à Royal Caribbean.

Princess Cays, qui n'est pas une île à proprement parler mais une plage située sur l'île d'Eleuthera, appartient depuis 1992 à Princess Cruises.

Holland America Lind occupe de son côté **Half Moon Cay**, considérée par plusieurs comme la plus belle des îles privées avec sa plage blanche, longue de 14 km, et ses eaux turquoise peu profondes. **Castaway Cay**, soit l'ancienne Gorda Cay, est réservée exclusivement aux passagers et aux équipages de Disney Cruise Line. C'est la seule île privée où le bateau accoste à un quai. Elle offre de magnifiques plages et diverses attractions reliées par un tramway. En y pratiquant la plongée-tuba, on peut observer de vrais animaux marins au milieu de trésors soigneusement disposés par l'organisation de Disney... Un Mickey géant est aussi immergé. Un des navires utilisés pour le tournage de *Pirates des Caraïbes* est amarré à Castaway Cay.

les bijoux en coquillage, sculptures en bois, paniers et autres objets tressés du **marché de la vannerie** où la négociation est de mise! Pensez aussi à rapporter un vêtement ou toute autre pièce taillée dans du batik, un tissu décoré de motifs colorés, confectionné à l'**Androsia Batik Factory**, sur l'île d'Andros.

Cafés et restos

Bahamian Kitchen Restaurant & Lounge

Trinity Place, en retrait de Bay St., Nassau, 242-325-0702

L'établissement est reconnu pour son potage de gombo, mais sert aussi du steak de tortue poêlé, du poisson bouilli, de la salade de

Half Moon Cay.

conque et de délicieux bâtonnets de mérou.

Graycliff

8-12 W. Hill St., Nassau, 242-302-9150

Le Graycliff est le seul restaurant cinq étoiles des Caraïbes et il mérite cette distinction haut la main.

Dune

One & Only Ocean Club, Paradise Island, 242-363-2501

Le restaurant Dune du réputé chef français Jean-Georges Vongerichten bénéficie d'un emplacement stupéfiant en bordure de la mer. Ses mets signature sont ici rehaussés de saveurs locales.

Geneva's Place

angle East Mall Dr. et Kipling Lane, Freeport, 242-352-5085

Geneva's Place prépare de bons plats bahamiens, dont plusieurs à base de conque.

Logement

Nassau abrite quelques hôtels de caractère (**British Colonial Hilton**, **Graycliff Hotel**) alors que Paradise Island se prête davantage aux complexes balnéaires avec formule tout-inclus (**Atlantis Paradise Island Resort & Casino**, **Riu Palace Paradise Island Hotel**).

Sur Grand Bahama, l'essentiel de l'offre d'hébergement se concentre autour de Lucaya, que ce soit des hôtels tout-inclus (**Memories Grand Bahama Beach & Casino Resort**, **Viva Wyndham Fortuna Beach**) ou bien des complexes hôteliers (**Pelican Bay Hotel**, **Taino Beach Resort & Clubs**). À noter qu'il est aussi possible de louer des îles privées (notamment certaines des **Berry Islands**, **Musha Cay** et les **îles de Copperfield Bay**)!

5 Barbade

Avec ses plages idylliques de sable rose et blanc, l'île de la Barbade est réputée pour son charme, heureux mélange de tradition britannique et de joie de vivre antillaise. Située au nord-est du Venezuela, l'île de la Barbade prend la forme d'une poire. L'ouest de l'île, baigné par la mer des Caraïbes, offre des eaux chaudes, calmes et turquoise. À l'est, la côte Atlantique est plus accidentée et dangereuse.

«Os Barbudos» (les barbus) serait le nom qui fut donné à l'île par l'explorateur portugais Pedro A. Campos en 1536. Ses hommes trouvaient, dit-on, que les rameaux de figuiers ayant pris racine ressemblaient à des barbes d'hommes. En raison de sa situation géographique, la Barbade prend rapidement une importance stratégique du point de vue militaire et naval. Elle se couvre de plantations de canne à sucre qui recourent largement à l'esclavage à partir de la fin du XVIIIe siècle. Systématiquement matées, des révoltes secouent régulièrement l'île. De toutes les Antilles, la Barbade sera la seule à ne jamais être conquise par une autre nation que l'Angleterre.

À voir, à faire

(voir carte p. 52)

Bridgetown ★★

Le centre-ville de Bridgetown est un mélange architectural composé de maisons coloniales anciennes et d'immeubles modernes. Sur **Trafalgar Square** ★★ se dresse la statue de Lord Nelson, le fameux amiral anglais, érigée 30 ans (1813) avant celle de Londres (le tout premier monument en son honneur fut inauguré à Montréal en 1809). Les élégants **Parliament Buildings** *(Broad St.)* de style néogothique entourent la place. Dans **Broad Street**, la plus commerçante des rues de la ville, le

Trafalgar Square, Bridgetown.

grand magasin **Cave Shepherd** *** est fréquenté pour ses boutiques hors taxes (bijouterie, poterie locale). Il est aussi possible de se reposer de la chaleur en visitant la vénérable **Nidhe Israel Synagogue** *** *(Synagogue Lane)* avec son musée ou la cathédrale anglicane qu'est la **St. James Church** * (1831).

Au nord-ouest de Bridgetown, on atteint rapidement les hangars des **Mount Gay Distilleries** ** *(Spring Garden Highway, Brandons, 246-425-8757 ou 246-425-9066, www.mountgay.com)*. La marque la plus prestigieuse de rhum barbadien, fondée en 1703, organise des visites (payantes) comprenant le visionnement d'un film, le tour de l'usine d'embouteillage et une dégustation.

À la sortie est de la ville, le **Barbados Museum & Historical Society** *** *(St. Ann's Garrison, St. Michael, 246-427-0201, www.barbmuse.org.bb)*, installé dans l'ancienne garnison britannique, se consacre à l'histoire de l'île et à son milieu naturel. La galerie africaine est de loin la plus intéressante. De l'autre côté de la Garrison Savannah (hippodrome), le **George Washington House & Museum** ** *(St. Michael, 246-228-5461 ou 246-228-5710, www.georgewashingtonbarbados.org)*, une maison de plantation du XVIIIe siècle avec musée, rappelle que le président américain passa quelques mois à la Barbade en 1751-1752.

Ailleurs dans l'île

La Barbade est justement renommée pour ses jardins tropicaux, où volettent souvent des colibris. Ceux qui aiment les orchidées doivent se rendre à l'**Orchid World & Tropical**

Barbade

Bridgetown

Andromeda Botanic Gardens.

Flower Garden ★★★ *(St. George)*, où 30 000 plantes sont cultivées; c'est la plus grande collection du genre dans les Caraïbes. À **Welchman Hall Gully** *(St. Thomas)*, un luxuriant jardin tropical occupe le fond d'un ravin. Un peu plus loin, dans la commune de St. Joseph, on peut se promener dans les chemins de la **Flower Forest** ★★, située à 255 m d'altitude, tout en admirant la végétation tropicale parsemée de fleurs (oiseaux de paradis, bégonias, etc.). Mais les plus beaux jardins sont sans doute les proches et intimes **Hunte's Gardens** ★★★, superbement mis en scène par un paysagiste anglo-barbadien. Mentionnons aussi les **Andromeda Botanic Gardens** ★★★, à **Bathsheba**, sur la côte sauvage orientale, où la plupart des visiteurs en profitent pour se promener sur sa plage de galets, face aux îlets rocheux en forme de champignons géants.

C'est à bord d'un tramway électrique spécialement conçu à cet effet que se fait la visite de la **Harrison's Cave** ★★★ *(St. Thomas)*. Le clou du circuit est une spectaculaire chute souterraine. Sur la côte ouest, le port de **Speightstown** mérite un arrêt pour son intéressant **Arlington House Museum** ★, consacré à la vie quotidienne dans la Barbade d'autrefois.

Plus au nord, dans la paroisse de St. Andrew, la **Barbados Wildlife Reserve** ★★ est une sorte de zoo où les animaux (tortues, daims, iguanes, caïmans, oiseaux, etc.) jouissent d'une certaine liberté. Elle se double d'une forêt d'acajous de 4 hectares où vit une colonie de singes vervets peu farouches.

Barbade

Les tactiques du pirate Sam Lord

Pour attirer les navires vers ce qu'ils croyaient être Bridgetown et les pousser à s'échouer sur les récifs afin de les piller, le pirate Sam Lord suspendait des lanternes aux cocotiers le long de la côte de Long Bay, au sud de l'île.

Cette région abrite l'une des deux seules demeures de plantation encore ouvertes aux visiteurs à la Barbade: la **St. Nicholas Abbey** ***, une maison datant de 1650 et arborant un étonnant style jacobite. En saison, on peut y voir traiter la canne. À proximité, le vieux **Morgan Lewis Sugar Mill** *, un moulin à canne, est à l'abandon. La seconde maison de plantation ouverte aux visiteurs est la **Sunbury Plantation House**, située à St. Philip, dans le sud-est de l'île.

Le tour de l'île s'achève, tout au nord, à l'**Animal Flower Cave** ***, une grotte creusée dans les falaises où vivent des anémones de mer. Inutile d'y venir par gros temps.

Les plages

Un trio de plages de sable fin, **Brandon's Beach** **, **Brighton Beach** ** et **Paradise Beach** **, les plus proches de Bridgetown, signalent le début de la «Côte d'or» (côte sud-ouest). Vous trouverez ensuite la plage de **Payne's Bay** **, à 15 min en taxi de Bridgetown. Passé Holetown, où débarquèrent les premiers colons, le **Folkestone Marine Reserve** séduira les plongeurs avec ou sans bouteille. Les amateurs de plongée-tuba apprécieront aussi **Mullins Beach** *** et ses eaux turquoise – mais prenez garde à ce qu'elles ne soient pas trop agitées. Au sud de l'île, **Sandy Beach** ** et **St. Lawrence Gap** ** sont appréciées des familles, alors que les véliplanchistes préféreront les plages de **Casuarina** * et de **Silver Sands** **. Au sud-est, la côte baignée par l'Atlantique est plus dangereuse, mais très intéressante pour les surfeurs, notamment à **Crane Beach** ***.

Achats

De nombreuses boutiques hors taxes ont pignon sur rue dans la capitale Bridgetown, notamment dans l'achalandée **Broad Street** (produits de luxe, bijoux, poterie locale, souvenirs). Pour se procurer un rhum barbadien de renom, **Mount Gay Distilleries**, près du port de Bridgetown, est tout à fait indiqué. Ceux qui préfèrent les alcools moins forts se tourneront vers la Banks Beer, produite localement et vendue en épicerie. La **Gallery of Caribbean Art** de Speightstown est un bon endroit pour acheter des œuvres d'art typiquement caribéennes et barbadiennes.

Cafés et restos

Lobster Alive Restaurant

Wesley House, Bay St., Bridgetown, 246-435-0305

Comme son nom le laisse suggérer, ce populaire restaurant de la capitale est spécialisé dans la langouste (*spiny lobster*). En plus des crustacés que l'on peut choisir dans un aquarium, le menu offre une bonne sélection de fruits de mer.

Ragamuffins

1st Street, Holetown, 246-432-1295

Très populaire auprès des habitants pour son caractère et son décor typiques, Ragamuffins est l'endroit idéal pour découvrir l'âme de la Barbade. La carte de ce petit restaurant a fondé sa réputation sur les fruits de mer et les steaks.

The Cliff

Highway 1, Derricks, St. James, 246-432-1922

Ce restaurant est reconnu pour être l'une des meilleures tables de la Barbade, et ce, depuis plusieurs années, un titre qu'il veut conserver à tout prix, d'où sa cuisine inventive, servie dans un cadre idéal au pied d'une falaise dans l'ouest de l'île.

Waterfront Café

The Careenage, Bridgetown, 246-427-0093

Situé dans le centre historique de la capitale, cet établissement ouvert depuis plus de 10 ans est fréquenté aussi bien par les habitants de l'île que par les touristes. La cuisine est internationale, avec des influences locales et américaines. En soirée, on pourra profiter de l'animation musicale.

Le barracuda servi au restaurant The Cliff.

Logement

Les grands complexes hôteliers sont légion dans la paroisse de St. James, au nord de Bridgetown (**Coral Reef Club**, **Tamarind**, **Cobblers Cove Hotel**) et quelques-uns proposent la formule tout-inclus (**The Club Barbados Resort & Spa**, **Mango Bay**). La côte sud et sud-est de la Barbade est davantage pourvue en lieux d'hébergement de type auberge ou hôtel (**Dover Beach Hotel**, **Little Arches Hotel**, **Coral Mist Beach Hotel**). L'offre sur la côte se veut assez réduite, mais on y trouve quelques hôtels (**Atlantis Hotel**, **Sea-U Guest House**).

6

Bonaire

La création, dans les années 1970, du Washington Slagbaai National Park et du Bonaire National Marine Park a fait de Bonaire un repaire idéal pour les plongeurs, amateurs et chevronnés. Bonaire est l'oubliée des Antilles méridionales, mais la chaude néerlandaise se rattrape au fil des arrivées des navires de croisière, qui ont repéré là l'escale idéale en mer des Caraïbes. Outre la plongée, Bonaire séduit les visiteurs amateurs de faune et de flore avec ses anciennes salines, ses cactus géants et ses flamants roses.

Aux larges des côtes vénézuéliennes, Bonaire forme, avec Curaçao et Aruba, les îles ABC, qui font également partie des îles Sous-le-Vent. Les températures affleurent annuellement les 30°C et le facteur humidité est propice au développement d'une végétation luxuriante. Colonie néerlandaise à partir de 1636, l'île a progressivement troqué ses salines et ses bases militaires, américaines et hollandaises, contre des hôtels en bord de mer.

À voir, à faire

(voir carte p. 59)

Kralendijk ★★

La capitale, Kralendijk, est une ville d'environ 3 000 habitants située sur la côte ouest de Bonaire. Elle offre le charme paisible d'un ancien port colonial. Ses maisons aux murs roses, orangés et vert lime en constituent son principal attrait, avec le **Fort Oranje** et le **Museo Boneriano** *(Kaya Van der Ree 7)*, qui renferme quelques œuvres d'artistes locaux, sans oublier le buste dédié à la mémoire de Simón Bolívar.

Au large de Kralendijk, **Klein Bonaire** ★★★ (ou Petit Bonaire) est un petit rocher sauvage à l'état pur, spot favori des plongeurs et des

1. L'épave du *Hilma Hooker*.
2. Fort Oranje, Kralendijk.

pique-niqueurs. Un autre site réputé pour la plongée – mais de nuit cette fois pour observer le phénomène de la bioluminescence – est **Town Pier** ★★.

Rincón ★

Le village de Rincón est la plus vieille agglomération de l'île et conserve plusieurs maisons et bâtiments anciens. Près d'un sentier passant à proximité du village se trouvent des **pétroglyphes**, témoins de la présence des Arawaks, ces indigènes qui peuplaient l'île bien avant l'arrivée des colonisateurs européens et de leurs esclaves d'origine africaine.

Ailleurs dans l'île

À quelques kilomètres au sud de la capitale gît l'épave du ***Hilma Hooker*** ★★. Aujourd'hui, plonger près de ce cargo qui a sombré en 1984 au large des côtes de Bonaire constitue l'une des excursions sous-marines les plus populaires de Kralendijk.

Le **Washington Slagbaai National Park** ★★★ *(599-788-9015, www.washingtonparkbonaire.org)* couvre le cinquième de la superficie de l'île. Le point culminant de Bonaire, le **mont Brandaris**, domine l'extrémité nord de ce parc national. Les flamants roses qui viennent s'y accoupler à la saison des pluies et les colonies de perroquets présentes sur le site attirent les amateurs d'ornithologie.

La **saline de Pekelmeer** ★★ s'étend sur la pointe sud de l'île. Elle produit de grandes quantités de sel, mais c'est surtout la présence de colonies de flamants roses qui vaut le déplacement.

Le **Bonaire National Marine Park** ★★★ *(www.bmp.org)* est l'attrait incontournable de l'île. Créé en 1979, ce parc marin protège les récifs coralliens faisant le pourtour de l'île et compte plusieurs sites de plongée exceptionnels. La proximité de ces récifs, si elle facilite les excursions en mer pour les plongeurs, réduit considérablement la bande de sable autour de l'île. Les amateurs de farniente parviendront néanmoins à dénicher quelques belles étendues sablonneuses. **Pink Beach** ★★★, située au sud-ouest de l'île, est réputée pour son sable rose. En effet, des coraux pulvérisés lui donnent cette coloration toute particulière. Idéale pour contempler le coucher de soleil, cette plage est très fréquentée tout au long de la fin de semaine.

Bonaire National Marine Park.

Quelques plages sont aussi accessibles dans le **Washington Slagbaai National Park**, entre autres **Boca Slagbaai** et **Playa Funchi**; cependant, les insulaires les utilisent surtout comme point de départ pour une excursion de plongée sous-marine ou comme base pour des pique-niques en famille. Pour la planche à voile, dirigez-vous vers la côte est de Bonaire et les eaux turquoise de **Lac Bay**.

Achats

L'essentiel des boutiques de l'île se concentre dans Kralendijk, et plus précisément dans **Kaya Grandi**, l'artère qui longe le front de mer. Vous y trouverez de nombreux objets décorés de flamants roses, emblématiques de l'île, ainsi que plusieurs exemples de l'artisanat local, dont des *kunukus* miniatures, ces maisonnettes colorées qui jalonnent les paysages de Bonaire.

Cafés et restos

Bistro de Paris

Harbour Village Marina, Kralendijk,
599-717-7070

Si l'idée de déguster de la cuisine française dans les Antilles vous séduit, voilà une bonne adresse.

Zeezicht

Kaya Jan NE Craane 12, Kralendijk,
599-717-8434

Ce restaurant avec vue sur mer est spécialisé à la fois dans la cui-

Bonaire
Localisation
États-Unis
OCÉAN ATLANTIQUE
Cuba
République dominicaine
Haïti
Jamaïque
Mer des Caraïbes
Playa Funchi
Mont Brandaris (240m)
Boca Slagbaai
Washington Slagbaai National Park
Pétroglyphes
Rincón
Mer des Caraïbes
Klein Bonaire
Kralendijk
Town Pier
Bonaire International Airport
Épave du Hilma Hooker
Lac Bay
Pink Beach
Saline de Pekelmeer
0
2,5
5km
©ULYSSE

Bellafonte Château de la Mer.

sine régionale et la préparation de sushis. Le Stew Conch est à essayer!

It Rains Fishes

Kaya Jan NE Craane 24, Kralendijk, 599-717-8780

Au menu de ce restaurant figurent des mets à base d'algues et du saumon ainsi que des plats de porc. L'ambiance est très décontractée ici et la brise de mer est un plus.

Mona Lisa

Kaya Grandi 15, Kralendijk, 599-717-8718

Malgré le fait que la majorité des denrées alimentaires soient importées, cette vénérable institution propose, à prix raisonnable, des grillades accompagnées de légumes frais.

Logement

Les quelques complexes hôteliers d'importance se concentrent autour de Kralendijk (**Plaza Beach Resort Bonaire**, **Divi Flamingo Beach Resort & Casino**, **Buddy Dive Resort**). Toujours autour de la capitale, l'offre de location d'appartements est par contre plus étoffée (**Den Laman Condominiums**, **Sand Dollar Condominium Resort**), tout comme celle des hôtels (**Bellafonte**, **Captain Don's Habitat**) ou des chambres d'hôtes (**Oasis Guesthouse**, **Bruce Bowker's Carib Inn**).

7 Cuba

Cuba demeure cette île merveilleuse, riche de paysages à couper le souffle, de plages idylliques et de terres étonnamment fertiles. Mystérieuse et insaisissable, Cuba sera façonnée de main d'homme au cours d'une histoire tumultueuse qui lui a laissé un patrimoine riche et une culture unique.

Au carrefour de l'océan Atlantique, du golfe du Mexique et de la mer des Caraïbes, cette île offre une source inépuisable d'émerveillements et son atmosphère si particulière vous transportera d'un bout à l'autre: des magnifiques plages de sable blanc aux places baroques de La Havane, des petites routes de montagnes aux rues animées de Santiago de Cuba. Laissez-vous porter par le rythme de vie à la cubaine!

À voir, à faire

(voir carte p. 65)

La Havane ★★★

De La Habana Vieja à Miramar, la capitale cubaine se dévoile avec faste en une multitude de magnifiques images. Inscrite sur la Liste du patrimoine mondial de l'UNESCO depuis 1982, **La Habana Vieja** ★★★ (la vieille Havane) est véritablement le cœur touristique de la ville. Quatre places dessinent la géographie de ce quartier: la **Plaza de la Catedral** ★★★, la **Plaza de Armas** ★★★, la **Plaza de San Francisco** ★★ et la **Plaza Vieja** ★★. De l'une à l'autre, les ruelles pavées offrent l'occasion d'une promenade agréable au pied des édifices coloniaux, dont certains sont de véritables bijoux d'architecture baroque. À l'ouest de la vieille ville, le petit secteur qui s'étend du **Paseo de Martí** ★★ – mieux

1. Capitolio.
2. Callejón de Hamel.

connu sous le nom de **Prado** – au **Parque Central** ★★ regroupe les plus beaux musées de la ville, de luxueux hôtels, une agréable promenade et l'emblème de La Havane qu'est le **Capitolio** ★★★. Dans ce quartier, on trouve notamment le **Museo Nacional de Bellas Artes** ★★★, qui abrite une grande collection d'art cubain et brosse brillamment l'histoire de l'art cubain du XVIe siècle à nos jours.

Le **Centro** ★ donne à voir ce qu'est réellement la vie cubaine. Le cœur de La Havane y bat de son rythme propre et l'expérience y est d'un tout autre ordre que celle de La Habana Vieja. N'hésitez pas à vous perdre dans ces rues qui débouchent toutes, vers le nord, sur le **Malecón** ★★. Baladez-vous sur ce mythique front de mer, symbole de La Havane, où l'on respire l'air du large et sent l'âme de la ville, où l'on pêche et s'embrasse au coucher du soleil, où l'on plonge dans les vagues et fait la fête le samedi soir. Pour danser sur les rythmes de la rumba, rien de mieux que le **Callejón de Hamel** ★★. Cette petite rue recouverte de peintures murales est un véritable temple dédié à la culture afro-cubaine. Une foule compacte de touristes et de Cubains s'y retrouve les dimanches de midi à 15h.

Avec l'arrivée des Américains, au début du XXe siècle, et plus particulièrement sous la présidence de Batista, le **Vedado** ★★ s'est transformé en ce quartier moderne dont les hôtels chics, construits en hauteur, servaient de lieu de rendez-vous aux grands noms de la mafia américaine et accueillaient les touristes en mal de plaisir et de jeu. S'y trouve notamment l'**Hotel Nacional de Cuba** ★★★, véritable monument national et l'un des hauts lieux de

Malecón.

l'histoire de La Havane. Il accueille le prestigieux **Festival Internacional del Nuevo Cine Latinoamericano** ★★★ chaque année en décembre. **Miramar** ★ se présente comme le quartier chic de la capitale. Plusieurs des plus belles maisons de style colonial de La Havane y ont été abandonnées par les Cubains qui désertèrent l'île à la suite de l'arrivée au pouvoir de Fidel Castro en 1959. Aujourd'hui, elles hébergent les personnalités les plus en vue du régime, des ambassades et des représentations commerciales étrangères.

La péninsule de Guanahacabibes ★★

À l'ouest de **Pinar del Río**, d'intéressantes excursions s'offrent aux visiteurs. La Carretera Central traverse une région ravissante, sillonnant des vallons où les champs de tabac s'étendent à perte de vue. À l'extrémité occidentale de l'île se trouve la péninsule de Guanahacabibes, qui jouit du statut de Réserve de la biosphère de l'UNESCO. Considérée comme l'un des meilleurs endroits pour la plongée à Cuba, la péninsule abrite le **centre international de plongée de María la Gorda** ★ et celui de **Cabo de San Antonio**. Le **Parque Nacional Guanahacabibes** ★★ couvre, sur près de 400 km^2, aussi bien le territoire terrestre que maritime de la région. Accompagné d'un guide, vous découvrirez la faune qui peuple forêts et mangroves, plages de sable blanc et récifs corraliens.

Les plages de Varadero ★★★

Certains prétendent, à juste titre, que ce sont les plus belles du pays. Les eaux calmes et cristallines prennent une infinité de teintes et

Varadero.

sont idéales pour la baignade et les sports nautiques. Les amateurs de pêche pourront organiser une sortie en haute mer à partir d'une des marinas de Varadero.

Isla de la Juventud et Cayo Largo ★★

Dans la portion sud-ouest de l'Isla Juventud se trouve **Playa del Tesoro** ★★, l'une des plages les plus extraordinaires du pays. S'aventurer sur cette plage isolée à la pointe du Cabo Francés procure le sentiment de découvrir l'île comme Christophe Colomb à son arrivée dans le Nouveau Monde. **Cayo Largo et les îles avoisinantes** ★★ constituent un endroit tranquille et ensoleillé au bord de la mer. Vous pouvez louer des motomarines et des planches à voile à **Playa Sirena** ★★, la plus célèbre plage de Cayo Largo.

Trinidad ★★★

Petites rues en pierres des champs, demeures aux devantures lisses et colorées, portes en fer forgé ou en bois sculpté, toitures en tuiles d'inspiration espagnole et arabe : Trinidad est demeurée suspendue dans le temps. Cette petite ville se trouve près des belles plages de sable blanc de la **Península de Ancón** ★★, du magnifique **Valle de los Ingenios** ★★, qui fut l'une des principales régions de production sucrière à l'époque coloniale, et de la **Sierra del Escambray** ★★, qui se dresse aux alentours de la ville.

Cayo Coco et Cayo Guillermo ★★★

Les superbes plages de Cayo Coco sont l'attrait principal de cette île. **Playa Los Flamencos** ★★, **Playa Prohibida** ★★ et **Playa Las Colora-**

Cuba
Golfe du Mexique
Détroit de Floride
OCÉAN ATLANTIQUE
BAHAMAS
Andros
Great Exuma
Long Island
Mer des Caraïbes
ÎLES CAYMAN
Grand Cayman
Little Cayman
Cayman Brac
JAMAÏQUE
HAÏTI
La Havane
Plages de Varadero
Cojimar
Varadero
Guanajay
Matanzas
Bejucal
Güines
Cárdenas
Aeropuerto Juan Gualberto Gómez
San Miguel de los Baños
Colón
Aeropuerto Internacional José Martí
Soroa
Puerto Esperanza
Sierra del Rosario
Viñales
Valle de Viñales
Pinar del Río
Mantua
La Fe
Maria la Gorda
Péninsule de Guanahacabibes
Península de Zapata
Archipiélago de los Canarreos
Nueva Gerona
Isla de la Juventud
Punta del Este
Cayo Largo
La Salina
Cienfuegos
Trinidad
Península de Ancón
Sierra del Escambray
Sancti Spíritus
El Jíbaro
Santa Clara
Remedios
Isabela de Sagua
Archipiélago Sabana-Camagüey
Cayo Guillermo
Cayo Coco
Morón
Ciego de Ávila
Esmeralda
Florida
Nuevitas
Camagüey
Vertientes
Archipiélago de los Jardines de la Reina
Santa Cruz del Sur
Guáimaro
Guayabal
Las Tunas
Gibara
Guardalavaca
Holguín
Banes
Guamo
Moa
Manzanillo
Bayamo
Guisa
Mayarí Arriba
Media Luna
Sierra Maestra
El Cobre
Santiago de Cuba
Guantánamo
Baracoa
Aeropuerto Internacional Antonio Maceo
0
60
120km
N
Localisation
États-Unis
OCÉAN ATLANTIQUE
République dominicaine
Haïti
Jamaïque
Mer des Caraïbes
©ULYSSE

Castillo del Morro de San Pedro de la Roca.

das ** sont des plages naturelles un peu à l'écart des complexes hôteliers. Pour encore plus d'intimité, rendez-vous sur **Cayo Romano** *** ou **Cayo Paredón Grande** ***, deux îles à l'est de Cayo Coco qui abritent des plages quasi désertes. Parmi les plages de Cayo Guillermo, **Playa Pilar** ** est la plus célèbre depuis qu'Hemingway l'a désignée comme la plus belle plage de Cuba. En face de cette plage, **Cayo Media Luna**, un îlot sur lequel le dictateur Batista s'était fait construire une résidence, est un endroit réputé pour la plongée-tuba.

Santiago de Cuba ***

Santiago de Cuba est une ville vivante où la musique surgit à chaque coin de rue. Berceau de toutes les révolutions, cette ville peut se vanter d'être la plus exotique et la plus typique des grandes villes du pays. Outre ses petites rues de quartiers pittoresques et ses parcs ombragés, elle compte de nombreux musées dont les remarquables **Casa Museo Ambiente Histórico Cubano** *** et **Museo Provincial Emilio Bacardí Moreau** ***. De nombreux monuments, comme le **Castillo del Morro de San Pedro de la Roca** ***, ou les plages de **Siboney** **, **Daiquirí** ** et **Baconao** ** se trouvent assez proches de la ville pour être visités dans la journée.

Achats

Chaque ville dispose d'un établissement du **Fondo Cubano de Bienes Culturales** offrant une bonne sélection d'artisanat et d'art. Quelques villes, notamment Varadero et Trinidad, offrent aussi des marchés en plein air proposant différents types d'artisanat. On y retrouve notamment de belles sculptures de bois ou des pots en céramique. Il faut bien sûr rapporter du rhum, excellent et peu coûteux, disponible dans de nombreux commerces partout sur l'île. Les cigares constituent aussi un achat de premier choix. Pour l'aficionado, il est préférable d'aller dans des boutiques spécialisées où les cigares d'origine sont entreposés dans des conditions idéales, comme **La Casa Partagás** à La Havane.

Cafés et restos

La Guarida

Calle Concordia no 418, entre Calle Gervasio et Calle Escobar, 7-866-9047, www.laguarida.com

La renommée de ce *paladar* n'est plus à faire. C'est ici que fut tournée une partie du film culte cubain *Fresa y Chocolate* (1994). Les propriétaires en ont conservé certaines reliques qui trônent entre objets d'art insolites et photos d'hôtes célèbres. On se régale ici du meilleur de la *nueva cocina cubana*.

La Esperanza

Calle 16 n° 105, entre Av. 1 et Av. 3, La Havane, 7-202-4361

Parmi les spécialités de la maison, on retient le poulet au cari et miel, ou encore les *plátanos* (bananes plantains) farcies de thon et de fromage fondu! On s'installe dehors, dans une petite cour, ou dans la splendide salle à manger, meublée d'antiquités et garnie de nombreux objets et tableaux. Réservations fortement conseillées.

Restaurante Las Gallegas

Av. Bartolomé Maso 305 Altos, entre Calle Hartmann (San Félix) et Calle General Lacret, Santiago de Cuba, (22) 62-4700

Ce *paladar* propose une cuisine typiquement cubaine (riz, salade, haricots, poisson ou poulet) et offre une ambiance familiale. Pour les voyageurs qui ne dorment pas dans les *casas particulares*, mais qui veulent découvrir (et goûter!) de plus près la réalité du pays, l'occasion est idéale. La salle à manger, avec son balcon donnant sur la rue, est des plus agréables.

Sol y Son

Calle Simón Bolívar n° 283, entre Calle Frank País et Calle José Martí, Trinidad

Ce populaire *paladar* offre une ambiance très agréable dans une maison datant de 1830. Les tables sont disposées dans la cour intérieure ornée d'une fontaine et d'une belle végétation où les lumières tamisées permettent des dîners en tête-à-tête. Derrière la porte des cuisines, on prépare de délicieux plats de poisson, de fruits de mer ou de pâtes, servis en portions particulièrement généreuses. L'accueil du patron et le service se révèlent aussi chaleureux que l'établissement.

La Barbacoa

angle Av. 1 et Calle 64, Varadero, (45) 66-7795

La Barbacoa sert des plats typiquement cubains, de savoureuses grillades croustillantes, des fruits de mer et des langoustes. C'est une véritable petite oasis cubaine parmi les restaurants plus chics de Varadero. Le décor est moins éclatant

Parque Josone, Varadero.

Cuba

que chez ses concurrents, mais demeure de bon goût. De plus, cet établissement a l'avantage d'être ouvert tard en soirée.

Logement

Le type d'hébergement que l'on choisit dépend du style de voyage dont on rêve. On a le choix entre le « sans tracas » du « tout compris », la flexibilité et le confort des hôtels, ou la convivialité et l'aspect économique des *casas particulares*. Sachez toutefois que les prestations dans les hôtels seront toujours une ou deux étoiles au-dessous de ce qu'ils annoncent. Devant ce constat, forte est l'envie d'opter plutôt pour une *casa particular* qui n'offrira que des prestations basiques, mais qui coûtera beaucoup moins cher. Pour se loger à La Havane, les options se dessinent entre l'hôtel (**Hotel Florida**, **Hotel Saratoga**) et la *casa particular* (**Hostal Chez Nous**, **Casa de Eugenio y Fabio**). La plupart des touristes qui se rendent à Varadero sont hébergés dans les nombreux grands complexes hôteliers qui offrent des forfaits « tout compris » (**Paradisus Princesa del Mar**, **Iberostar Varadero**). Trinidad compte quelques bons lieux d'hébergement (**Hostal Colina**, **Iberostar Grand Hotel Trinidad**), tout comme Santiago (**Hostal San Basilio**, **Gran Hotel Escuela**). La grande majorité des touristes qui séjournent à Cayo Largo réservent des forfaits « tout compris » (**Gran Caribe**, **Sol Meliá**), une formule que l'on retrouve aussi à Cayo Coco (**Meliá Cayo Coco**, **Iberostar Mojito**). Finalement, on retiendra les *casas particulares* d'Isla de la Juventud (**Villa Gerona**, **Tu Isla**).

8

Curaçao

L'île de Curaçao est à l'image de la célèbre liqueur éponyme à l'intense teinte bleue! Sur les cartes postales, les tons pastel, safran, vert amande et même rose intense des maisons coloniales du port de Willemstad font écho aux splendides plages de sable blanc baignées par des eaux aux relents turquoise. Le bord de mer ravit les amateurs de farniente et de sports nautiques. Quant à la réserve marine, elle enchante les plongeurs grâce à ses 19 km de récifs coralliens.

Située dans l'archipel antillais des îles Sous-le-Vent, Curaçao s'ancre à seulement 70 km de l'Amérique du Sud. Au sud-est flotte l'îlot inhabité de Klein Curaçao, dont le nom signifie «petit Curaçao».

À voir, à faire

(voir carte p. 72)

Willemstad ★★★

Inscrite sur la Liste du patrimoine mondial de l'UNESCO, Willemstad est un attrait incontournable de Curaçao. La ville est divisée en deux par le **chenal de Sint Annabaai**: à l'ouest Otrobanda, à l'est Punda, où les maisons et entrepôts restaurés, à l'architecture néerlandaise typiquement coloniale, s'alignent le long des quais. Les forteresses de **Waterfort** ★ et **Riffort** ★, édifiées à l'orée du port, témoignent des luttes de pouvoir entre les nations européennes aux XVIIe et XVIIIe siècles pour le contrôle des comptoirs commerciaux des Caraïbes.

Curaçao

Queen Emma Bridge.

Le **Queen Emma Bridge** ★★, ce pont piétonnier flottant qui relie les quartiers de Punda et d'Otrobanda, fut construit en 1888. La *Swinging Old Lady*, comme on le surnomme, pivote au moins une vingtaine de fois par jour pour permettre aux bateaux d'accéder au port. Lorsqu'il est ouvert, un petit ferry prend la relève. À proximité du Queen Emma Bridge se trouve la **Harbor Duty Free Zone**, l'une des plus importantes zones commerciales détaxées des Caraïbes. Elle comprend environ 200 boutiques qui vendent entre autres la fameuse liqueur à base d'écorces d'oranges, le curaçao, et bien sûr, des fromages hollandais comme le gouda et l'édam.

Édifié en 1635 à la pointe de Punda, le **Fort Amsterdam** ★★★ est le plus grand ouvrage militaire construit sur l'île de Curaçao. Ses murs abritent aujourd'hui la résidence du gouverneur ainsi qu'une église, la Fortkerk (1769), siège d'un petit musée.

Fondée en 1651 et rebâtie en 1732, la **synagogue Mikvé Israel-Emanuel** ★★★ *(Hanchi Snoa 29, 5999-461-1067, www.snoa.com)* constitue le plus ancien temple juif des Amériques encore en activité. Le bâtiment adjacent renferme le **Jewish Historical Cultural Museum** ★★★, qui expose divers objets retraçant l'histoire de la communauté juive dans l'île – parmi lesquelles une torah du XVe siècle et deux chaises de circoncision en acajou. L'ancien *mikvah* (bain rituel) a été retrouvé.

À deux pas au nord, les marchands vénézuéliens se réunissent au **Floating Market** ★★, le marché flottant. Ils arrivent en bateau pour vendre des produits frais: légumes, fruits, poissons, etc.

Au nord du bras de mer du Waaigat, le **Curaçao Maritime Museum** ★★ *(N. van den Brandhofstraat 1, 5999-465-2327, www.curacaomaritime.com)*, dont l'intérieur évoque les coursives d'un vieux paquebot, explore 500 ans d'histoire de l'île à travers des cartes anciennes, des modèles réduits et des instruments de marine. Il expose une maquette fonctionnelle de la raffinerie inaugurée en 1918 sur l'île. Des visites guidées du musée, du port et de la ville y sont proposées.

À l'est de Punda, dans le quartier de Pietermaai, le **National Archaeological Anthropological Museum** ★★ *(Johan van Walbeeckplein 13, 5999-462-1933, www.naam.cw)*, aussi connu sous le nom de « National Museum », possède des collections d'objets couvrant l'époque précolombienne de l'île, l'esclavage et l'anthropologie locale.

Le **Curaçao Museum** ★★ *(Van Leeuwenhoekstraat, 5999-462-3873, www.thecuracaomuseum.com)* loge dans un ancien hôpital du quartier d'Otrobanda construit par l'armée hollandaise au XIXe siècle. Consacré à l'histoire de l'île depuis ses origines, il expose des objets précolombiens, des chartes nautiques, un beau mobilier en acajou et des œuvres d'artistes locaux. Une section se consacre à la communauté afro-curacienne. La visite complémentaire de la **Kas di Pali Mashi** ★ *(Dokterstuin 27)* permet de découvrir une case identique à celle qu'habitaient les esclaves.

Fort Amsterdam.

Au sein du complexe hôtelier du même nom, le **Kurá Hulanda Museum** ★★★ *(Klipstraat 9, 5999-434-7700, www.kurahulanda.com/museumx)*, lui aussi dans le quartier d'Otrobanda, retrace avec brio l'histoire du « commerce triangulaire », de la capture des esclaves sur le continent africain jusqu'à leur arrivée dans des plantations caribéennes ou américaines d'où les produits étaient acheminés vers l'Europe. Assez disparate, il se consacre à la fois aux cultures antiques, africaines et antillaises – et même à l'histoire de l'humanité.

Plongez-vous dans l'histoire du centre-ville de Willemstad grâce au **Punda Museum** ★ *(Hanchi Snoa 1-5, 5999-465-2992)*. Ouvert en 2014, il permet de découvrir l'importante évolution qu'a connue la partie centrale de la capitale.

Curaçao
Localisation
États-Unis
OCÉAN ATLANTIQUE
Cuba
République dominicaine
Haïti
Jamaïque
Mer des Caraïbes
Mer des Caraïbes
Sabana Westpunt
Playa Kalki
Groot Knip Baai
Playa Lagun
Kenepa
Mont Christoffelberg (375m)
Christoffelpark
Shete Boka Park
Mont Tafelberg (230m)
Barber
Dokterstuin
Soto
Tera Korá
Hato International Airport
Hato Caves
Cas Abao
Daaibooi
Grote Berg
Julianadorp
Blauwbaai
Sint Michiel
Santa Catarina
Santa Rosa
San Dominico Montana
Willemstad
Curaçao Sea Aquarium
Sea Aquarium Beach
New Port
Curaçao Marine Park
0
5
10km
©ULYSSE

Curaçao Marine Park.

Aux alentours de Willemstad

Les bassins du **Curaçao Sea Aquarium** ★★★ *(Bapor Kibra, 5999-461-6666, www.curacao-sea-aquarium.com)*, situé sur la côte à quelques kilomètres au sud de Willemstad, sont constamment alimentés en eau de mer. Ils offrent la possibilité de plonger et de nager avec une multitude de poissons tropicaux, de raies, de tortues de mer et même de dauphins par le biais de la **Dolphin Academy**. Des plongées en bathyscaphe sont également proposées jusqu'à 320 m de profondeur en partenariat avec Substation Curaçao : une expérience très chère mais unique!

À côté, la **plage de Sea Aquarium** ★★★ (Mambo), au sable blanc semé de palmiers et de paillotes, est la plus festive de l'île, avec kiosques de massage, bars et discothèques à la nuit tombée. Elle permet d'accéder au **Curaçao Marine Park** ★★★, une réserve océanographique protégeant de superbes récifs coralliens – un véritable paradis pour la plongée.

Les plages les plus populaires de Curaçao se trouvent toutes sur la côte sud-ouest, comme la grande **Blauwbaai** (Blue Bay), la petite baie de **Daaibooi**, parfaite pour la plongée-tuba, et **Playa Lagun**, qui n'a rien à lui envier. Citons aussi **Cas Abao** ★★★, **Kenepa** et la longue **Groot Knip Baai**, qui ont des paillotes pour abriter les plagistes du soleil. Pour observer les poissons en plongée-tuba, aucune, cependant, n'égale **Playa Kalki** ★★.

Près de l'aéroport international de Hato, les **Hato Caves** ★★, des grottes préhistoriques, cachent des fossiles, de magnifiques stalactites et

Savonet Museum.

stalagmites, ainsi que de petits lacs souterrains. Elles servirent autrefois d'abris aux Arawaks, puis de cachettes aux esclaves. Aujourd'hui, on y croise surtout des chauves-souris et des iguanes.

Les adeptes de l'écotourisme se rendront au **Christoffelpark** ***, une réserve située à l'extrémité nord de l'île. Huit sentiers la parcourent (vélos de montagne en location), dont un, bordé de pétroglyphes arawaks, qui mène au sommet du Christoffelberg. Dans le parc, le récent **Savonet Museum** * *(5999-864-0363, www.savonetmuseum.org)*, installé dans une ancienne maison de plantation, explore l'histoire des lieux et des anciens occupants à travers diverses thématiques.

Dans le **Shete Boka National Park** ** voisin, les vagues se jettent puissamment sur le littoral rocheux. À Boka Tabla, elles s'engouffrent dans une grotte vers laquelle descendent des marches.

Les amateurs d'histoire prendront plaisir à découvrir certaines des autres *landhuizen* de l'île – ces maisons de plantation bâties pour la plupart aux XVIIIe et XIXe siècles. Parmi elles, mentionnons celles de **Knip** ** et **Rooi Katootje** **, devenues musées; celles de **Habaai** * et **Bloemhof** *, aujourd'hui des centres culturels; sans oublier la **Landhuis Chobolobo** ***, où s'est installée en 1946 la célèbre distillerie de liqueur d'écorces d'oranges Senior & Co. *(visite guidée)*.

Achats

Le souvenir par excellence est l'incontournable liqueur de Curaçao, disponible à la distillerie installée dans la **Landhuis Chobolobo**. Le quartier Punda de Willemstad est quant à lui parfait pour flâner et faire du lèche-vitrine devant les différentes boutiques de vêtements, de bijoux et d'artisanat local. Pour les produits frais, allez faire un tour au **Floating Market**, où les marchands vénézuéliens affluent et où l'ambiance est irrésistible.

Cafés et restos

Plasa Bieu

contre le marché flottant de Punda, Willemstad

C'est un marché où, le midi, plusieurs kiosques proposent chacun leurs spécialités, toujours fraîches. On commande crêpes au potiron, poisson grillé, ragoût de chèvre ou de conques, bananes frites ou *rice and beans* (riz et haricots) pour un prix défiant toute concurrence, qu'on mange aux grandes tables communes avec la foule des habitués.

Rozendaels

Penstraat 47, Willemstad, 5999-461-8806

Sur fond de produits locaux, les plats traditionnels de Curaçao dénotent des influences européennes et les classiques néerlandais révèlent des touches tropicales, façon cuisine fusion. Le patio est particulièrement agréable, mais le restaurant n'est ouvert que le soir.

Restaurant & Café Gouverneur de Rouville

De Rouvilleweg 9, 5999-462-5999

Très bien situées, ses terrasses offrent une belle vue sur le chenal du centre-ville et les demeures flamandes de Punda. Les visiteurs apprécieront également le décor de ce bâtiment historique, à la fois restaurant, café et bar. Le menu allie influences locales et internationales.

Landhuis Daniel

Weg naar Westpunt, 5999-864-8400

Véritable point de repère culinaire dans le nord de l'île, ce restaurant propose une cuisine mariant les traditions curaciennes revues et corrigées et les influences franco-méditerranéennes.

Jaanchies

Weg naar Westpunt 15, 5999-864-0126

Ouvert en 1936, ce restaurant reste une véritable institution malgré son âge. Au menu : des spécialités de poisson, de fruits de mer (conques), de cabri et… d'iguane – servies sous le chant des oiseaux.

Logement

L'offre d'hébergement se concentre autour de la capitale et en son sein. Les complexes balnéaires sont nombreux et situés un peu à l'extérieur de la ville (**Curaçao Marriott Beach Resort & Emerald Casino**, **Avila Beach Hotel**, **Hilton Curaçao**). Willemstad est bien pourvue en hôtels (**Sonesta Kuru Hulanda Village & Spa**, **Blue Bay Curaçao**) et certains ont même du charme (**Hotel 't Klooster**, **Hotel Scharloo**). Plus éloignés de la ville, se trouvent aussi des auberges (**Lagun Blou Dive**), des possibilités de location (**Papagayo Beach Resort**) et un hôtel en formule tout-inclus (**Sunscape Curaçao Resort**).

9

Dominique

Cette minuscule île de l'archipel des Petites Antilles, située entre les îles françaises de la Guadeloupe et de la Martinique, réserve bien des surprises. Les amoureux de nature vierge seront conquis par la Dominique! Cette île volcanique regorge en effet de réserves naturelles, de parcs marins et de pics montagneux tapissés d'une végétation luxuriante. Reconnue comme l'un des meilleurs sites d'observation des baleines dans les Caraïbes, la Dominique offre aux amateurs de plongée de superbes fonds marins au large de ses côtes.

Ceux qui préfèrent la randonnée iront au Morne Trois Pitons National Park: exploration de la forêt tropicale, observation de l'activité volcanique de l'île et baignade dans de superbes cascades.

À voir, à faire

(voir carte p. 79)

Roseau ★★★

Le **Dominica Museum** ★ se trouve en face de la jetée qui accueille les navires de croisière. Cet ancien comptoir postal de la colonie britannique présente aujourd'hui une exposition retraçant l'histoire de l'île.

Derrière le musée, l'ancien marché aux esclaves, devenu l'**Old Market** ★★★, accueille des vendeurs de fruits et de légumes, mais surtout des artisans. De l'autre côté du front de mer, c'est un autre marché qui mérite le détour, le **New Market** ★★, avec ses étals de fruits, de légumes et de fleurs tropicales. Certains marchands vous proposeront peut-être, pour vous désaltérer, du lait des

Roseau vue depuis le sommet du Morne Bruce.

noix de coco qu'ils ont fraîchement coupées.

Sur Virgin Lane, on découvre l'imposante **cathédrale de Roseau** ★★★, construite en pierre de lave dans un style d'inspiration romane. Sa construction dura près de 100 ans et s'acheva en 1916. L'un des vitraux de l'édifice religieux rend hommage à Christophe Colomb.

À Roseau, on peut aussi admirer la **maison du Gouverneur**, située à quelques pas du front de mer. Plus à l'est, au pied du **Morne Bruce**, le **Botanical Garden** ★★★, créé au XIXe siècle, abrite de magnifiques plantes exotiques. Le sommet du Morne Bruce offre par ailleurs une vue imprenable sur la ville.

Portsmouth ★★

Située dans le nord-ouest de l'île, sur la baie de Prince Rupert, Portsmouth est la deuxième ville en importance de la Dominique. Son attrait le plus populaire est le **Cabrits Historical and Marine Park** ★★★, où l'on peut explorer les ruines restaurées du **Fort Shirley** ★ et découvrir également, au détour des sentiers, les anciens canons du fort. Le parc englobe les plages de sable volcanique des alentours et des terres immergées où poussent de nombreux palétuviers et à proximité desquelles une magnifique barrière de corail permet de s'adonner à la plongée-tuba.

À découvrir également près de Portsmouth, l'**Indian River** ★★★, dont on peut explorer la mangrove en bateau sur quelques kilomètres.

Scotts Head.

Ailleurs dans l'île

Le **Morne Trois Pitons National Park** ★★★, inscrit sur la Liste du patrimoine mondial de l'UNESCO depuis 1997, est un magnifique parc qui s'étend au cœur de l'île sur plus de 7 000 ha. Il tire son nom du volcan qui s'élève en son centre, à 1 342 m. Ce vaste site protégé, où les sentiers serpentent en pleine forêt tropicale, compte plusieurs sources d'eau chaude, quelques lacs d'eau douce dans lesquels se jettent des cascades, ainsi que le populaire **Boiling Lake** ★★★, véritable chaudron aux eaux bouillonnantes. Vous aurez peut-être ainsi l'occasion de découvrir l'**Emerald Pool** ★★, l'une des haltes phares des excursions organisées dans la forêt tropicale, ou les **Traflagar Falls** ★★, un autre attrait incontournable du parc.

En explorant la **Titou Gorge** ★★, située près du village de Laudat, on se prendrait presque pour un saumon: il faut nager à contre-courant dans une gorge pour accéder à une caverne qui renferme une magnifique cascade naturelle.

À quelques kilomètres au sud de Roseau, près du village de pêcheurs de Pointe Michel, un chemin descend vers une plage de galets au bout de laquelle se trouve **Champagne** ★, un site sous-marin où l'on peut aisément observer l'activité volcanique insulaire. Celle-ci crée en effet des milliers de bulles qui s'échappent de la roche pour rejoindre la surface de l'eau, comme dans une coupe de champagne!

L'extrême sud de l'île comporte deux villages qui valent le détour: **Soufrière** ★★, réputé pour ses sources d'eau chaude sulfureuse, et **Scotts Head** ★★, situé sur un isthme au bout duquel on a une vue impre-

Dominique
Vieille Case
Calibishie
Woodford Hill Bay
Cabrits Historical and Marine Park
Portsmouth
OCÉAN ATLANTIQUE
Douglas-Charles Airport
Marigot
Morne Diablotins (1447m)
Castle Bruce
Morne Raquette
Mer des Caraïbes
Salisbury
Emerald Pool
St. Joseph
Morne Trois Pitons (1342m)
Mahaut
Morne Macaque (1221m)
Morne Trois Pitons National Park
La Plaine
Laudat
Titou Gorge
Trafalgar Falls
Boiling Lake
Canefield Airport
Woodbridge Bay
Botanical Garden
Mont Watt (1224m)
Roseau
Morne Bruce
Morne Anglais (1122m)
0
4
8km
N
Localisation
États-Unis
OCÉAN ATLANTIQUE
Cuba
République dominicaine
Haïti
Jamaïque
Mer des Caraïbes
Pointe Michel
Champagne
Berekua
Soufrière
Scott's Head

©ULYSSE

Roseau.

Des cyclones dévastateurs

En août et septembre 1979, les cyclones *David* et *Allen* ont dévasté les trois quarts des habitations de la Dominique. Le cyclone *David* a laissé une trace de son passage sur l'île, plus précisément dans le Jardin botanique, où un baobab s'est écrasé sur un autobus après qu'il eut été emporté par les vents violents du cyclone.

nable sur la baie, et même sur l'île voisine de la Martinique par temps clair. On y découvre également les ruines du fort Cachacou, un important ouvrage défensif datant du XVIIIe siècle.

Les plages

Les amateurs de plages de sable blanc seront quelque peu déçus par la Dominique, qui offre en majorité des plages de sable volcanique. Ils trouveront néanmoins quelques belles plages de sable doré dans le nord-est de l'île, entre Woodford Hill et Calibishie.

Achats

À Roseau, l'**Old Market** et le **New Market** sont les bons endroits pour trouver des produits frais et de l'artisanat local, entre autres les nattes

tressées appelées *khus-khus* et d'autres objets en vannerie. Dans les épiceries, vous trouverez la bière locale, nommée Kubuli, ainsi que le très bon café Dominique. Le rhum Macoucherie est produit avec la canne à sucre cultivée dans l'île et vous pouvez vous le procurer à la **Macoucherie Rum Factory**. À noter que l'achat de coraux et de coquillages est interdit sur l'île.

Cafés et restos

Papillote Rainforest Restaurant

Trafalgar Falls Rd., Trafalgar, 767-448-2287

Logé dans la Papillote Wilderness Retreat, le Papillote Rainforest Restaurant propose une délicieuse cuisine caribéenne mettant en valeur les poissons et fruits de mer. Vue exceptionnelle. Réservations requises.

Pearl's Cuisine

50 King George V, Roseau, 767-448-8707

Le lieu à Roseau pour goûter à la cuisine locale. Service sympathique.

Logement

Pas de grands complexes balnéaires à la Dominique, mais plutôt des auberges, chambres d'hôtes et petits hôtels. À Roseau, il y a un bon choix d'hôtels (**Anchorage Hotel**, **Evergreen Hotel**) et d'auberges (**Narakiel's Inn**, **Ma Bass Central Guest House**). Près du Morne Trois Pitons National Park se trouvent des chambres d'hôtes (**Cocoa Cottage**, **Papillote Wilderness Retreat**) et des hôtels de moindre taille (**Tia's Bamboo Cottages**, **Crescent Moon Cabins**), tout comme dans le nord de l'île (**Comfort Cottages**, **Rejens Hotel**).

10

Grenade

Des montagnes verdoyantes, des plantations de muscadiers et le parfum des épices qui embaume l'air... Voilà la Grenade!

Le territoire de la Grenade englobe l'île de la Grenade proprement dite, la plus peuplée et la plus accidentée, ainsi que les petites îles de Carriacou et de Petite Martinique, les plus méridionales de l'archipel des Grenadines. Ces îles volcaniques, bordées par la mer des Caraïbes et l'océan Atlantique, se trouvent au sud de Saint-Vincent-et-les-Grenadines et au nord de Trinité-et-Tobago.

Des catastrophes naturelles ayant détruit les plantations de canne à sucre, le botaniste Joseph Banks conseille au roi George III d'introduire la culture de la noix de muscade et d'autres épices, qui fait encore le charme de l'île.

À voir, à faire

(voir carte p. 85)

Saint George's ★★★

La ville pittoresque de Saint George's, fondée au XVIIe siècle par les Français, occupe une péninsule gardant l'approche du profond **Carénage** ★★★, où s'amarrent les bateaux de plaisance. Ses environs constituent un agréable lieu pour flâner, faire des achats ou goûter à la gastronomie de la Grenade au très populaire restaurant The Nutmeg (« La Muscade »). Dominant la péninsule, le **Fort George** ★★★, stratégiquement situé à l'entrée du port, a été construit au début du XVIIIe siècle par les Français. De là, la vue panoramique est spectaculaire. Aujourd'hui encore, le fort demeure un centre névralgique et abrite le commissariat central de police. Une plaque signale le lieu d'exécution du premier ministre Maurice Bishop.

En contrebas du fort, vers **Church Street**, certains bâtiments des

Saint George's.

XVIIIe et XIXe siècles ont survécu aux ouragans. Quelques-uns comportent un toit de tuiles rouges, lesquelles étaient transportées comme ballast sur les navires européens. Construit sur d'anciens baraquements français datant de 1704, le **Grenada National Museum** ★★, quoiqu'un peu vieillot, présente l'histoire et la culture de la Grenade. Le bain de marbre de l'impératrice Joséphine (épouse de Napoléon Bonaparte), originaire de la Martinique, y est exposé! **Market Square** ★★★ est quant à lui l'endroit idéal pour acheter des produits locaux, épices en premier lieu. L'animation y atteint son comble le samedi, lorsque nombre de petits agriculteurs de l'île viennent vendre leur production (mangues, ananas, corossols, etc.).

Perché tout au haut de Richmond Hill, le **Fort Frederick** ★★ fut édifié en 1791 par les Anglais durant la Révolution française. Il surplombe la ville de Saint George's et offre une vue impressionnante sur une bonne partie de l'île.

Ailleurs dans l'île

L'excursion classique consiste à faire un tour complet de l'île. Au programme figurent invariablement les **Annandale Falls** ★★ ou les **Concord Falls** ★★★, de jolies petites chutes d'eau nichées dans un superbe cadre tropical. On peut s'y baigner dans des bassins naturels.

Les amateurs de balade apprécieront le **Grand Etang National Park and Forest Reserve** ★★★, centré autour d'un joli lac de cratère. On croise parfois des singes mones dans les parages; importés d'Afrique par les colons, ils sont redevenus sauvages. Pour les plus expérimen-

1. Singe mone au Grand Etang National Park and Forest Reserve.
2. L'un des nombreux sentiers de randonnée du Grand Etang National Park and Forest Reserve.

tés, le **Seven Sisters Trail** ★★ représente une promenade inoubliable de deux à trois heures dans la forêt vierge, au cours de laquelle les randonneurs croisent sept chutes.

Au nord de l'île se trouve un autre paradis pour randonneurs, le **Levera National Park** ★★, qui compte de nombreuses richesses naturelles: mangroves, lac, refuge d'oiseaux. Ce parc national est reconnu également pour ses belles plages de sable blanc et ses bancs de corail qui font le bonheur des plongeurs.

Un arrêt à **Dougaldstone Estate** ★★ vous permettra de découvrir d'où provient la muscade. La plantation, qui produit aussi du cacao, est restée très traditionnelle. Une fois récoltée, la muscade est traitée dans l'usine de conditionnement de **Gouyave** (un joli petit port de la côte ouest), ouverte aux visiteurs. Les soupentes, où sèchent les noix deux mois durant, baignent dans une odeur envoûtante. Dans le nord-est de l'île, le **Belmont Estate**, très apprécié pour son restaurant, donne l'occasion de voir les employés retourner les fèves de cacao en train de sécher sur le sol en marchant simplement au travers. Une opération baptisée «*walking the cocoa*».

Située à proximité, la **distillerie de rhum River Antoine** ★★ est la plus ancienne des Antilles à fonctionner encore à l'aide d'un moulin à eau (XVIIIe siècle).

Les plages

La plage la plus populaire est celle de **Grand Anse** ★★★, située à 5 min de *water taxi* du port. Cette plage de sable blanc fait environ 3 km de long; des restaurants et des centres d'activités nautiques la ponctuent.

Grenade
Localisation
États-Unis
Cuba
OCÉAN ATLANTIQUE
République dominicaine
Haïti
Jamaïque
Mer des Caraïbes
Ronde Island
Caille Island
Carriacou
London Bridge Island
Green Island
Sandy Island
N
Sauteurs Bay
Sauteurs
Rose Hill
Levera National Park
Grenada Bay
Lake Antoine
La Poterie
Belmont Estate
Victoria
Mer des Caraïbes
Gouyave
Dougaldstone Estate
Grenville Bay
Grand Etang National Park and Forest Reserve
Seven Sisters Trail
Concord
Concord Falls
Grand Etang Lake
Grand Roy Bay
Annandale Falls
La Tante Bay
Requin Bay
OCÉAN ATLANTIQUE
St. George's
St. George's Bay
La Sagesse Nature Centre
Carénage
Grande Anse Bay
Grande Anse
Morne Rouge Bay
Maurice Bishop International Airport
Grand Bay
0
2
4km
©ULYSSE

Sandy Island.

De belles plages plus intimes sont accessibles au-delà à **Morne Rouge** ⋆⋆⋆ (de l'autre côté d'une courte péninsule) et, dans le sud-est de l'île, au **La Sagesse Nature Centre** ⋆ (à 20 min de taxi du port). Ce dernier endroit, superbe et adossé à une mangrove, constitue également un lieu fort apprécié des ornithophiles.

Carriacou ⋆⋆

À 37 km au nord de Grenade, Carriacou offre la tranquillité d'une île moins visitée et achalandée que sa grande sœur, à laquelle elle est reliée par bateau ou avion. **Hillsborough** ⋆⋆ est la principale ville de l'île où l'on retrouve une douceur de vivre sans pareille et où l'on peut visiter le **Carriacou Museum** ⋆⋆, qui retrace l'histoire de l'île et ses habitants. Pour profiter d'une vue sans pareille sur l'île et ses alentours, il faut se rendre dans le nord de Carriacou, sur le plus haut point que constitue la **High North Nature Reserve** ⋆⋆⋆. Le sentier y menant est des plus agréables, jalonné de points de rencontre avec des iguanes, des tortues ou d'autres espèces locales. Pour ce qui est des plages, on retient **Hillsborough Beach** ⋆⋆ pour sa proximité avec la ville et **Anse La Roche** ⋆⋆, plus au nord, pour son isolement et ses pélicans. Il est aussi possible d'organiser des excursions sur les îles quasi désertes de **Sandy Island** ⋆⋆⋆ et **White Island** ⋆⋆, pour profiter des plages de sable fin et d'un peu de solitude.

Achats

Parfois difficile à trouver, car l'offre ne répond pas à la demande, le rhum

River Antoine est produit localement dans une distillerie d'un autre âge au nord de l'île. Le **Market Place** de Saint George's est sans conteste l'endroit où acheter les épices qui ont fait la réputation de la Grenade (muscade, curcuma, cannelle, gingembre...), des produits frais ou encore des objets provenant de l'artisanat local (bijoux en coquillage, poupées faites main...).

Cafés et restos

La Belle Créole

Blue Horizons Garden Resort, Grande Anse, 473-444-4316

Entouré d'une végétation luxuriante tout en étant proche de la plage, ce restaurant propose des spécialités locales apprêtées selon les standards internationaux. Son emplacement et son cadre en font une adresse appréciée; il est donc conseillé de faire une réservation.

The New Nutmeg Restaurant

The Carenage, Saint George's, 473-435-9525

Installé au nord-ouest du Carénage, et offrant une vue sur tout le port, ce restaurant est réputé pour ses fruits de mer et son punch maison au rhum. Le New Nutmeg demeure idéal pour un repas rapide.

Rhodes

The Calabash Hotel, Saint George's, 473-444-4334

Offrant une belle vue sur la mer, ce restaurant au cadre assez classique est l'une des meilleures tables de l'île et propose une cuisine intégrant différentes influences.

Logement

La plupart des établissements d'hébergement se trouvent à la pointe sud de l'île. Autour de Grand Anse, on retrouve essentiellement des complexes balnéaires de grande et moyenne envergure (**Spice Island Beach Resort**, **Radisson Grenada Beach Resort**, **Maca Bana**), tout comme dans les environs de L'Anse aux Épines (**The Calabash Hotel**, **Laluna**), bien qu'il existe quelques auberges et chambres d'hôtes (**Twelve Degrees North**, **La Sagesse**). Pour ce qui est des hôtels tout-inclus, peuvent être mentionnés les **Grenadian by Rex Resorts** et le **Sandals LaSource Grenada Resort & Spa**, entre Grand Anse et L'Anse aux Épines.

11

Guadeloupe

De la côte escarpée de la Pointe de la Grande Vigie aux belles plages de sable du sud de Grande-Terre, en passant par la randonnée dans la forêt luxuriante du Parc national de la Guadeloupe, les charmants villages créoles et les excursions en mer pour découvrir les îles environnantes, l'archipel de la Guadeloupe a tout pour combler les visiteurs en quête de soleil, de repos et d'un peu de dépaysement.

L'archipel guadeloupéen est formé de la Guadeloupe en tant que telle, surnommée l'«île papillon», qui inclut Basse-Terre, l'île la plus montagneuse, dominée par le volcan de la Soufrière, et Grande-Terre, au relief plus plat qui a favorisé l'agriculture. Elles sont séparées par la rivière Salée. Au large se trouvent les îles des Saintes, de La Désirade et de Marie-Galante, domaine de la canne à sucre.

À voir, à faire

(voir carte p. 91)

Grande-Terre ***

Pointe-à-Pitre *** constitue le cœur économique de l'île de Grande-Terre. La ville abrite de nombreux marchés très colorés, comme le très pittoresque marché aux poissons de la **Darse** *, le **marché Saint-Antoine** *, où l'on s'approvisionne en épices, et le marché aux fleurs de la **place Gourbeyre**. Sur cette place, on pourra également visiter la **basilique Saint-Pierre et Saint-Paul** *, rebâtie avec une ossature métallique après le tremblement de terre de 1843. Chaque année, en août, s'y déroule la très colorée **fête des Cuisinières**: les membres de l'association assistent alors à la messe en robe de madras. À ne pas manquer non plus, la **place de la Victoire** *, véritable oasis de verdure au cœur de la ville; le **musée Schœlcher** ** *(24 rue Peynier, 05.90.82.08.04)*, consacré au célèbre député Victor

Basilique Saint-Pierre et Saint-Paul.

Schœlcher, ardent défenseur de l'abolition de l'esclavage; et enfin, le **musée Saint-John Perse** ★ *(9 rue de Nozières, 05.90.90.01.92)*, qui présente une intéressante exposition sur la vie du célèbre Prix Nobel de littérature (1960), né à Pointe-à-Pitre en 1887. Ouvert en juillet 2015 dans un bâtiment à l'architecture remarquable, le **Mémorial ACTe, centre caribéen d'expressions et de mémoire de la traite et de l'esclavage** *(rue Raspail, 05.90.25.16.00, http://memorial-acte.fr)* retrace l'histoire de la traite et de l'esclavage de l'Antiquité à nos jours à travers plusieurs expositions.

Grande-Terre se présente comme un vaste plateau calcaire d'une superficie de 582 km². Plutôt champêtre, elle est ponctuée de mornes et de champs de canne à sucre qui semblent s'allonger à l'infini – sujet d'une exposition à Beauport, ancienne usine à sucre dans la campagne de Port-Louis, intitulée ***Le pays de la canne***. La fertilité de ces terres a longtemps constitué la seule richesse de la Guadeloupe, mais on lui connaît aujourd'hui un autre trésor inestimable : les longs croissants de sable doré qui bordent la côte sud de l'île. Des plages si belles qu'elles attirent sans cesse les visiteurs fréquentant les stations balnéaires de **Gosier** ★★, de **Sainte-Anne** ★★★ (célèbre plage de la Caravelle) et de **Saint-François** ★★. Plus sauvages, l'**Anse du Souffleur** ★★ (à Port-Louis) et l'**Anse de la Gourde** ★ (vers la pointe des Châteaux) valent aussi le détour.

À l'est de Pointe-à-Pitre, près de la marina de Gosier, l'**Aquarium de la Guadeloupe** ★ *(Place Créole, 05.90.90.92.38, www.*

Pointe de la Grande Vigie.

aquariumdelaguadeloupe.com) est de petite taille, mais apporte un éclairage intéressant sur la richesse des fonds marins caribéens. À proximité, le **Fort Fleur d'Épée** ⋆⋆ (1750-1763), aux murailles de corail, offre un point de vue en plongée sur la Grande Baie.

Tout au nord de Grande-Terre, la « route des falaises » rejoint la **Pointe de la Grande Vigie** ⋆⋆⋆, avant de redescendre vers le lagon de la **Porte d'Enfer** ⋆. Bordée de falaises, la plage y est étonnamment tranquille et se prête facilement à la baignade. La **Pointe des Châteaux** est un autre site naturel à explorer. Cette longue pointe de terre, située au sud-est de Grande-Terre, s'allonge dans l'océan Atlantique et se termine par des rochers escarpés.

Inaugurée en 1987, la réserve naturelle du **Grand Cul-de-Sac Marin** ⋆⋆, à la fois maritime et terrestre, s'étend sur près de 150 km^2 entre les îles de Grande-Terre et de Basse-Terre. Créée pour protéger la faune et la flore, particulièrement riches dans cette partie de l'archipel, elle est ceinturée par des récifs coralliens et de grandes étendues de mangrove. On l'explore en bateau ou, mieux encore, en kayak de mer.

Basse-Terre ⋆⋆

Vue de loin, la longue chaîne de montagnes de Basse-Terre, dont les cimes semblent perpétuellement cachées par les nuages, offre un spectacle bien différent des paysages relativement peu accidentés de Grande-Terre. Ce massif est dominé par la Soufrière, un volcan crachant encore quelques fumerolles, qui culmine à 1 467 m. La majeure partie de cette île est protégée par le **Parc national de la**

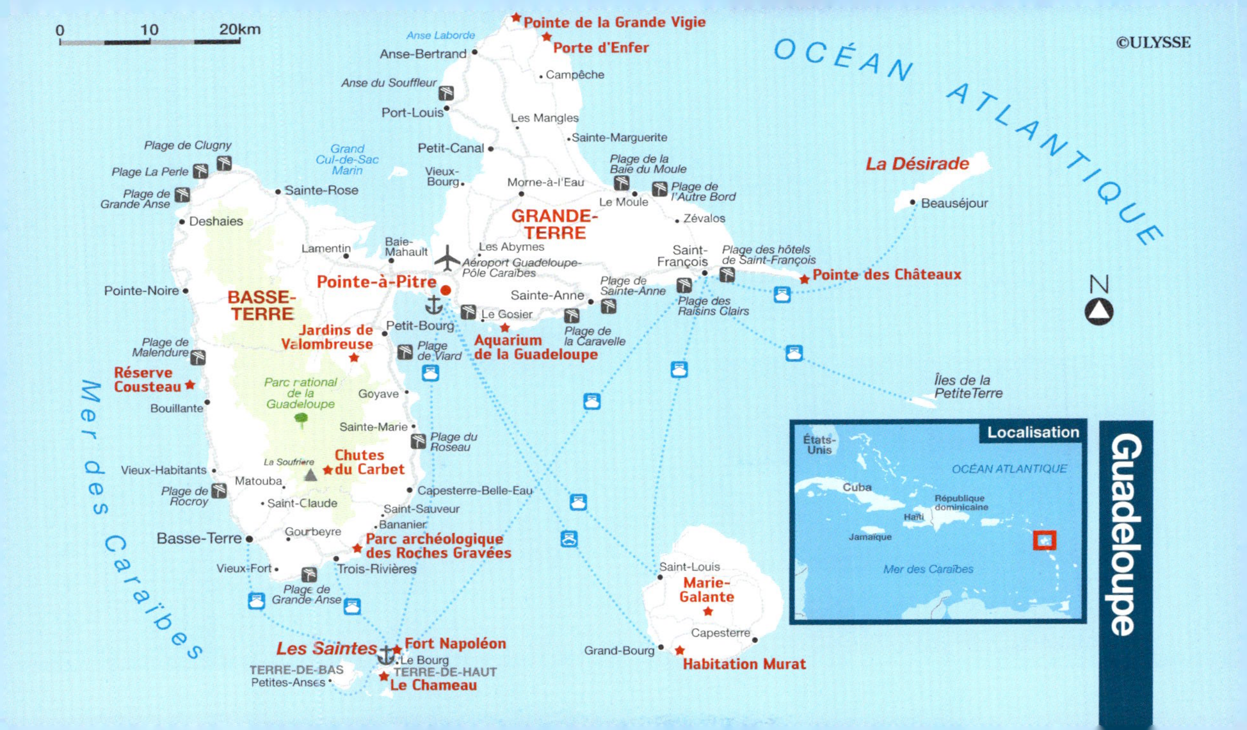
Guadeloupe
©ULYSSE
0 10 20km
OCÉAN ATLANTIQUE
Mer des Caraïbes
N
Pointe de la Grande Vigie
Porte d'Enfer
Anse Laborde
Anse-Bertrand
Campêche
Anse du Souffleur
Port-Louis
Les Mangles
Sainte-Marguerite
Petit-Canal
Vieux-Bourg
Morne-à-l'Eau
Plage de la Baie du Moule
Plage de l'Autre Bord
Le Moule
Zévalos
GRANDE-TERRE
Les Abymes
Aéroport Guadeloupe-Pôle Caraïbes
Saint-François
Plage des hôtels de Saint-François
Pointe des Châteaux
La Désirade
Beauséjour
Plage de Sainte-Anne
Plage des Raisins Clairs
Sainte-Anne
Le Gosier
Plage de la Caravelle
Aquarium de la Guadeloupe
Îles de la PetiteTerre
Plage de Clugny
Plage La Perle
Plage de Grande Anse
Grand Cul-de-Sac Marin
Sainte-Rose
Deshaies
Lamentin
Baie-Mahault
Pointe-à-Pitre
Pointe-Noire
BASSE-TERRE
Petit-Bourg
Jardins de Valombreuse
Plage de Viard
Plage de Malendure
Réserve Cousteau
Bouillante
Parc national de la Guadeloupe
Goyave
Sainte-Marie
Plage du Roseau
Chutes du Carbet
La Soufrière
Vieux-Habitants
Matouba
Plage de Rocroy
Saint-Claude
Capesterre-Belle-Eau
Saint-Sauveur
Bananier
Basse-Terre
Gourbeyre
Parc archéologique des Roches Gravées
Vieux-Fort
Trois-Rivières
Plage de Grande Anse
Les Saintes
Fort Napoléon
Le Bourg
TERRE-DE-HAUT
TERRE-DE-BAS
Petites-Anses
Le Chameau
Saint-Louis
Marie-Galante
Capesterre
Grand-Bourg
Habitation Murat
Localisation
États-Unis
OCÉAN ATLANTIQUE
Cuba
République dominicaine
Haïti
Jamaïque
Mer des Caraïbes

Chutes du Carbet.

Guadeloupe *** *(www.guadeloupe-parcnational.fr).*

La route de la Traversée est l'unique voie d'accès franchissant l'intérieur montagneux de Basse-Terre. Elle relie les communes de Petit-Bourg (côte est) et Pointe-Noire (côte ouest) et permet d'accéder aux principaux sites du parc, comme la **cascade aux Écrevisses** *, dont les chutes sont entourées d'une végétation luxuriante, et la **Maison de la Forêt**, qui accueille le promeneur et l'initie aux secrets de la forêt tropicale grâce à un sentier d'interprétation. Un peu plus loin, le **Parc des Mamelles** est un jardin zoologique aménagé à même la forêt.

Au débouché de la route de la Traversée, la **réserve Cousteau** **, un espace marin autour des îlets Pigeon, au large de la commune de Bouillante, est appréciée pour ses fonds marins, que l'on peut explorer en bateau à fond de verre, en plongée-tuba ou en kayak. Accessibles depuis le sud-est de l'île, les trois **chutes du Carbet** *** constituent l'attrait phare du Parc national de la Guadeloupe. Des glissements de terrain ont en partie entravé les sentiers, mais on peut encore s'approcher de la deuxième chute, haute de 110 m, au gré d'une promenade de 20 min.

Les randonneurs dans l'âme voudront peut-être tenter l'ascension de la **Soufrière** **: une excursion de 2h30 à 3h aller-retour depuis le dernier stationnement. On traverse d'abord la forêt avant de rejoindre une savane sèche plantée de hautes fougères et de grimper sur les flancs du cône éventré.

Basse-Terre s'est fait une spécialité des jardins tropicaux où abondent roses de porcelaine, hibiscus, oiseaux de paradis et autres anthuriums: les **Jardins de Valombreuse** **, situés près de Petit-Bourg, le **Jardin de Beauvallon** ** (près de Basse-Terre) et le **Jardin botanique de Deshaies** **.

Dans un genre un peu différent, il vaut le coup de visiter le **Domaine de la Grivelière** * ou la **Caféière Beauséjour** * (une authentique habitation du XVIIIe siècle), consacrés à la culture du café. À Pointe-Noire, on trouve aussi l'intéressante **Maison du Cacao**, où l'on apprend les secrets de la fabrication du chocolat.

1. La distillerie Bellevue, Marie-Galante.
2. Pétroglyphes arawaks au Parc archéologique des Roches Gravées.

Basse-Terre abrite aussi plusieurs distilleries de rhum ouvertes au public, comme la **distillerie Reimonenq** ★★ (Sainte-Rose), qui a inauguré un Musée du rhum, et la **distillerie Longueteau** ★★ (Sainte-Marie), où l'on peut voir une machinerie en activité remontant au XIXe siècle.

Sur la côte sud, à Trois-Rivières, le **Parc archéologique des Roches Gravées** ★★ protège un ensemble de 230 pétroglyphes plus ou moins bien conservés, réalisés par les Arawaks chassés de l'île par les Indiens caraïbes. Ils se découvrent au détour des sentiers aménagés dans un joli jardin tropical.

Marie-Galante ★★

Marie-Galante, la plus grande des dépendances guadeloupéennes (158 km^2), est composée d'un vaste plateau calcaire où l'on cultive la canne à sucre. Les champs de canne dominent encore largement l'horizon et seraient à l'origine de la fabrication du meilleur rhum des Antilles. On peut visiter les vénérables **distilleries Poisson** et **Bellevue**. Près de Grand-Bourg, l'**Habitation Murat** ★★ est devenue un écomusée. Elle conserve une « sucrote » (moulin) de 1814. Un service de traversier relie quotidiennement Marie-Galante à Pointe-à-Pitre.

La Désirade ★

La Désirade est une longue bande de rochers dont les terres arides sont peu propices à l'agriculture. Une population d'environ 1 500 habitants y vit, majoritairement dans le sud de l'île. La côte, longue de 11 km, est ponctuée de belles plages de sable presque désertes, bordées de récifs

La baie des Saintes vue depuis le fort Napoléon.

coralliens multicolores. Un traversier fait la navette entre le port de Saint-François et celui de Grande Anse (40 min).

Les Saintes ***

L'archipel des Saintes regroupe une dizaine d'îlots, dont deux sont habités: Terre-de-Haut et Terre-de-Bas. La nature constitue sans contredit le plus bel attrait de ces îles: sentiers de randonnée, plages de sable doré, mornes d'où l'on contemple le fabuleux spectacle de la mer. Plusieurs navettes maritimes relient Les Saintes (Terre-de-Haut) à Grande-Terre et à Basse-Terre (Trois-Rivières).

Sur l'île de Terre-de-Haut, on peut parcourir à pied un paisible et charmant village où se trouvent quelques boutiques et restaurants. Pour visiter le **Fort Napoléon** *, il faut traverser le quartier du Mouillage et gravir un morne abrupt, d'où l'on jouit d'une très belle vue sur la baie. On peut également faire l'ascension du **Chameau** **, le plus haut sommet de l'île, qui culmine à 309 m.

Achats

Pointe-à-Pitre accueille de nombreux marchés où vous pourrez vous procurer des produits frais: marché aux poissons de la **Darse**, marché aux fleurs de la **place Gourbeyre** ou encore le marché **Saint-Antoine** pour les épices (cannelle, cumin, vanille, poudre de colombo...). À rapporter aussi, un «salako», chapeau traditionnel des îles de Terre-de-Haut et Terre-de-Bas, des articles en madras et, bien sûr, les rhums, disponibles dans les différentes distilleries ou de nombreux commerces.

Cafés et restos

Caprice des Îles

boul. du Père Labat, Baillif, Basse-Terre, 05.90.81.74.97

Le restaurant Caprice des Îles bénéficie d'un site de premier ordre au bord de la mer des Caraïbes, où l'on resterait des heures à contempler le paysage. De la cuisine créole y est proposée et vous pourrez goûter quelques spécialités délicieusement apprêtées, comme le colombo de cabri ou la langouste grillée, tout en profitant d'une atmosphère sympathique.

La Touna

Pigeon-Galets, Bouillante, Basse-Terre, 05.90.98.70.10

Difficile de manquer La Touna, car ce sympathique restaurant se dresse tout juste au bord de la route. Heureusement, il est conçu de telle sorte qu'une fois attablé dans la salle à manger, on y contemple un tout autre tableau : la mer qui s'étend à perte de vue. Cette image se marie bien avec les mets proposés, toujours frais et délicieux, poissons et crustacés figurant en bonne place au menu.

Le Rayon Vert

sur la nationale 2, La Coque Ferry, Deshaies, Grande Anse, 05.90.28.43.23

Le Rayon Vert, ce splendide hôtel, a décidément tout pour plaire, car, outre un panorama splendide et des chambres tout confort, il offre une des meilleures tables de la région. Tartare d'espadon, carpaccio de bœuf au basilic et rosace d'espadon au citron vert ne sont que quelques-unes des spécialités du lieu, qu'on déguste immanquablement avec ravissement.

Logement

Si ce n'est le **Club Med La Caravelle** de Grande-Terre, près de Sainte-Anne, il n'y a pratiquement pas d'hôtels tout-inclus en Guadeloupe. Les types d'hébergement les plus courants restent les hôtels traditionnels, concentrés sur Grande-Terre, comme à Pointe-à-Pitre (**Hôtel Saint John Perse**), Gosier (**Auberge de la Vieille Tour**, **Hôtel Les Bananiers**) ou encore Saint-François (**La Cocoteraie**, **Bwa Chik Hotel**).

La formule des **gîtes ruraux et chambres d'hôtes** *(05.90.91.64.33, www.gitesdefrance-guadeloupe.com)* est également présente dans pratiquement toutes les régions de la Guadeloupe.

Guadeloupe

12

Haïti

Les tristes images du séisme du 12 janvier 2010 demeurent, pour la majorité des gens, l'unique portrait qu'ils se feront de Port-au-Prince et du reste du pays. Pourtant, *Ayiti*, «terre des hautes montagnes», ne demande qu'à être redécouverte et à partager ses petits bonheurs. Bordée par la mer des Caraïbes et l'océan Atlantique, la perle des Antilles semble vibrer sous un soleil éternel. Véritable mosaïque de cultures, elle se fait artistique et créative.

À la beauté de ses plages, de ses paysages verdoyants et de ses montagnes, vient s'ajouter la rencontre d'un peuple accueillant. Des marchands prenant gaiement d'assaut chaque coin de rue aux enfants curieux venant à la rencontre des étrangers en souriant, la découverte de ce pays est fascinante et légèrement mystérieuse.

À voir, à faire

(voir carte p. 99)

Port-au-Prince ★★★

Port-au-Prince et ses «16 collines» mettent en scène des routes de gravier où les motocyclettes et les «tap-taps» font s'élever la poussière; des chemins où règne un joyeux chaos et où tout trouve son juste emplacement au cœur du désordre. Bien que toujours porteuse de grandes traces du séisme de 2010, la capitale est beaucoup plus qu'un amas de ruines. C'est aussi la rencontre d'un peuple souriant, timide et résilient, du parler créole haïtien, mélangé au français et célébré à tue-tête. La culture de la rue représente la véritable culture haïtienne et son folklore se

Marché en Fer.

retrouve partout; au **Marché en Fer**, où l'on propose autant de statues et potions vaudoues que d'épices aux vertus médicinales; dans les assiettes de griot, ce plat typique de porc pané accompagné de bananes plantains, riz aux haricots et «pikliz» (salade de chou très épicée) ou sur le flanc de la montagne du bidonville de Jalousie, devenue symbole de la capitale d'Haïti depuis qu'elle a ainsi coloré la misère. L'ancien centre-ville reprend tranquillement du poil de la bête, même si le quartier des affaires a déménagé ses pénates dans le chic Pétionville. Sur la **place du Champ de Mars**, les vestiges du théâtre sont devenus voisins de l'Université, de l'hôpital et de la Faculté de médecine. Le fameux **Palais National,** toujours en reconstruction, continue d'abriter le bureau du président, et la **statue du Marron inconnu** représente, coûte que coûte, l'esclave libre aux côtés de la flamme éternelle.

Les plages

Il n'y a pas encore d'hôtels tout-inclus en Haïti. Par contre, à moins d'une heure de route de Port-au-Prince, la **Côte des Arcadins** ★★ aligne de belles plages le long d'une mer turquoise et tranquille ainsi que quelques hôtels.

Petit paradis en voie de développement situé en face des Cayes presque à l'extrémité ouest de la côte sud, l'**Île-à-Vache** ★★ est porteuse de grands espoirs en termes de destination balnéaire pour les autorités haïtiennes. On compte ouvrir les premiers tout-inclus du

La citadelle Laferrière.

pays sur cette île de 15 km à la beauté indéniable. On y prévoit aussi la construction d'un aérodrome et de plusieurs hôtels (chambres et villas).

Cap-Haïtien ★★

Les habitants de la capitale du nord sont fiers de leur ville et de cette distance qu'elle a su maintenir avec Port-au-Prince et le gouvernement. Hôte de maisons coloniales aux fins balcons en fer forgé, la ville de Cap-Haïtien fut maintes fois détruite et reconstruite, toujours sur le même plan orthogonal. Cette ville au passé tumultueux, fondée sous le nom de Cap-Français, est aujourd'hui reconnue pour être sage et accueillante.

La citadelle Laferrière ★★★

Hissée à 900 m d'altitude sur le pic Laferrière, la « **sentinelle de la liberté** » veille à la fois sur Cap-Haïtien et la côte Atlantique. Classée au patrimoine mondial de l'UNESCO, la « merveille d'Haïti » est atteinte après 45 minutes de sévère montée à cheval, en voiturette électrique ou à pied. Figure emblématique de l'histoire haïtienne – la libération de l'esclavage et la proclamation de la première République noire du monde –, le plus important monument fortifié de toutes les Caraïbes est franchement impressionnant.

Jacmel ★★

Réputée pour son carnaval, son artisanat et ses artistes, cette ville du sud porte un passé toujours fort présent; c'est de Jacmel que partirent les 400 volontaires haïtiens recrutés par Simón Bolívar pour libérer l'Amérique du Sud de la colo-

Haïti
RÉPUBLIQUE DOMINICAINE
OCÉAN ATLANTIQUE
Mer des Caraïbes
Localisation
États-Unis
Cuba
Jamaïque
République dominicaine
OCÉAN ATLANTIQUE
Mer des Caraïbes
0
20
40km
N
Pointe Ouest
Plage Pointe-Ouest
Île de la Tortue
Basse Tene
Port-de-Paix
Jean-Rabel
Bassin-Bleu
Baie de l'Acul
Labadie
Cap-Haïtien
Limbé
Aéroport International de Cap-Haïtien
Limonade
Fort Liberté
Gros Morne
Trou-du-Nord
Anse-Rouge
Plaisance
Milot
Citadelle Laferrière
Dondon
Ennery
Saint-Raphaël
Golfe de la Gonâve
Les Gonaïves
Hautes Feuilles
Cercadie
Maïssade
Saint-Marc
Verrettes
Canal de Saint-Marc
Plage Royal Decameron Indigo
Montrouis
Montagne Terrible (1434m)
Boucan Coree
Gros Mangle
Côte des Arcadins
Belladere
Mirebalais
Île de la Gonâve
Anse-à-Galets
Arcahaie
Cabaret
Aéroport International Toussaint Louverture
Anse d'Azur
Abricot
Jérémie
Grande Cayemite
Canal du Sud
Baie de Port-au-Prince
Port-au-Prince
Étang Saumâtre
Dame-Marie
Petit-Trou-de-Nippes
Pétionville
Ganthier
Anse-d'Ainault
Pic de Macaya (2347m)
Baradères
Miragoâne
Parc national La Visite
Fonds-Verrettes
Fonds-des-Nègres
Croix-Hilaire
Morne du Cibao (2280m)
Parc national de Macaya
Camp Perrin
Pic la Selle (2680m)
Tiburon
Cavaillon
Aquin
Baptiste
Jacmel
Port-à-Piment
Belle-Anse
Marigot
Les Cayes
Côtes-de-Fer
Plage d'Abaka Bay
Canal de l'Est
Île-à-Vache
Port Salut
©ULYSSE

Quartier de fer de Noailles.

nisation espagnole. Fondée par les Français 50 ans avant Port-au-Prince, cette ville située au carrefour du commerce du café fut en grande partie détruite lors de l'incendie de 1896. Dans la capitale de l'artisanat haïtien, on reconnaît facilement le style de ses artistes et des figures en papier mâché. Entre les combats de coqs et les parties de dominos, il fait bon se reposer au mythique **Hôtel Florita**, une maison qui fut acheminée de France par bateau en 1888 et qui a conservé son charme d'époque et ses meubles anciens.

Achats

Alors qu'un boom artisanal s'empare en ce moment d'Haïti, on a envie de croire à une possible amélioration de la qualité de vie qui passerait par la création (bijoux, chaussures ou vêtements locaux). Au **quartier de fer de Noailles**, les artisans-ciseleurs de métaux de récupération découpent de petites merveilles décoratives directement dans les plaques de fer. Fruits du labeur des «Bosmétal», les petits anges, décorations suspendues, arbres de vie à accrocher aux murs, croix et bijoux se vendent à prix ridicule pour tout le travail qu'ils représentent.

On dit que le rhum symbolise l'esprit de la vie haïtienne. On rapporte donc une bouteille du fameux **rhum Barbancourt** dans ses bagages, après avoir visité la distillerie et la plantation du **Domaine Barbancourt**, l'une des plus anciennes entreprises haïtiennes.

Cafés et restos

Quartier Latin

10 rue Goulard, Place Boyer, Pétionville

C'est la brasserie où il faut aller en soirée à Pétionville, davantage pour son ambiance festive et musicale que pour sa nourriture. On ne manque pas de laisser un petit mot sur les murs recouverts de graffitis et de danser sur la piste de danse devant la scène de ce restaurant en plein air. L'intérieur est aussi intéressant, avec ses salons et ses objets mystérieux.

Hôtel Oloffson

60 av. Christophe, Port-au-Prince

Spectacle de musique roots à l'hôtel Oloffson.

Chef-d'œuvre d'architecture à dentelle de bois datant de 1887, l'hôtel Oloffson est reconnu comme l'endroit où se rendre pour assister aux spectacles de musique roots et vaudoue. Sa façade de style et son mur arrière littéralement accroché à la falaise d'une montagne le rendent aussi époustouflant que la musique traditionnelle que l'on y entend.

Presse Café

28 rue Rigaud, Pétionville

Les tables se poussent tout de suite après le dernier repas afin de laisser place aux couples des danseurs qui profitent des soirées musicales du Presse Café. C'est l'endroit par excellence pour apprendre à danser à l'haïtienne sur de la musique traditionnelle.

Club Indigo

Royal Decameron Indigo Beach Resort & Spa, RN 1, Km 78, Montrouis, Côte des Arcadins

On s'y arrête pour prendre un verre en soirée sur la plutôt calme Côte des Arcadins.

Hôtel Cyvadier Plage

HT-9110, Jacmel

Plusieurs voyageurs affirment avoir dégusté leur meilleur repas haïtien au restaurant de l'hôtel Cyvadier.

Lakay

Boulevard du Carénage, Cap-Haïtien

Ce resto-bar est l'un des plus populaires et des plus fréquentés de Cap-Haïtien. Musique, danse et bonne nourriture au bord de la mer, directement sous les cocotiers.

Port Morgan

Île-à-Vache

On se régale de langoustes, salades et grillades dans une ambiance à la

L'hôtel Moulin Sur Mer.

créole au restaurant du complexe Port Morgan de l'Île-à-Vache.

Logement

À Port-au-Prince, le **Karibe Hotel Haïti** et le **Royal Oasis** ont bonne réputation. Le premier est situé dans le quartier tranquille de Junevat, à quelques minutes du centre de Port-au-Prince et de Pétionville. Pour la petite histoire, c'est entre les murs de cet immeuble historique que se trouvait l'écrivain québécois d'origine haïtienne Dany Laferrière lorsque s'est produit le séisme de 2010. Le second, multicolore à l'instar du bidonville Jalousie dont il est voisin, propose de vastes chambres au très beau design et offre une vue fabuleuse depuis sa terrasse. **Le Plaza**, situé à deux pas du Champ de Mars, fait quant à lui office de véritable oasis avec ses bâtiments blancs et ses palmiers encerclant la piscine.

Les pieds dans l'eau entre Jacmel et les Cayes, la **Villa Nicole** est un charmant hôtel-boutique situé sur la magnifique plage de Kabik. Toujours à Jacmel, **Cap Lamandou**, un hôtel luxueux perché sur une falaise avec piscine, offre une vue panoramique sur la baie de Jacmel.

L'hôtel **Moulin Sur Mer** règne sur la côte, fier de son complexe comprenant plage privée, petite île, marina et centre de plongée. Sur son vaste domaine, l'ancienne sucrerie datant de 1760 a été convertie en **musée Ogier-Fombrun**, où est relatée l'histoire de la nation haïtienne. En matinée, la balade en bateau entre la côte et l'**île de la Gonâve** est charmante et remplie de soleil.

Tout au bout de la Côte des Arcadins, le **Royal Decameron Indigo Beach Resort & Spa** est implanté dans un grand parc longeant une plage privée de 1,5 km. Quant au festif **Wahoo Bay Beach**, il est à la fois l'un des premiers hôtels de la côte et l'un des plus fréquentés par les Haïtiens les week-ends.

Sur l'Île-à-Vache, deux hôtels et quelques bungalows ont posé leurs pénates: **Port Morgan** (bonne table, piscine, petite plage et spa) et l'**Abaka Bay** (bungalows sous les arbres et villas accrochées à une pointe rocheuse).

13

Îles Cayman

Les îles Cayman sont surtout connues pour leur latitude en matière de fiscalité, mais elles offrent bien plus que cela. Plongée sous-marine, voile, faune et flore, détente et culture font de ces îles un endroit paradisiaque qu'il vaut la peine de découvrir.

Formées de Grand Cayman, Little Cayman et Cayman Brac, les îles Cayman sont situées au nord-ouest de la Jamaïque, dans la mer des Caraïbes, et à 770 km de Miami. Elles sont en fait les sommets d'une chaîne de montagnes sous-marines. Lorsqu'en 1503, pendant son dernier voyage au Nouveau Monde, Christophe Colomb découvrit ces îles, il les baptisa «Las Tortugas», car leurs plages étaient couvertes de tortues marines. Les îles semblaient inhabitées, mais, pendant 200 ans, elles furent le repaire de pirates et de naufragés. Les îles Cayman constituent un paradis fiscal sans impôt direct et, de ce fait, accueillent le siège social de plusieurs dizaines de milliers de sociétés-écrans dont quelque 250 banques.

À voir, à faire

(voir carte p. 107)

Grand Cayman ★★★

L'île de Grand Cayman ne manque certes pas d'attraits. Sa **Seven Mile Beach** ★★★ invite à la détente et au bronzage, alors que la mer attire volontiers les baigneurs, mais également tous ceux qui désirent pratiquer la plongée-tuba, la plongée sous-marine, la voile ou la pêche sportive au large.

Le **Pedro St. James Historic Site** ★★★ *(Pedro Castle Rd., 345-947-3329, www.pedrostjames.ky)* est un attrait à ne pas manquer lors d'un séjour à Grand Cayman. On trouve dans ce lieu chargé d'histoire des plantations anciennes agrémentées d'une belle végétation tropicale. De la première maison, construite autour de 1780, il ne reste que des

Queen Elizabeth II Botanic Park.

ruines, mais elles se révèlent les plus anciennes des îles. Un nouveau bâtiment a été refait en respectant le mode de construction de l'époque. Le site se veut aussi le lieu de naissance de la démocratie dans les îles Cayman.

Autre attrait majeur, le **Queen Elizabeth II Botanic Park** ★★★ *(Frank Sound Rd., 345-947-9462, www.botanic-park.ky)* a ouvert ses portes en 1994 en présence de la reine d'Angleterre. Le visiteur pourra y admirer de superbes jardins et aménagements floraux, ainsi que de très rares et menacés iguanes bleus (Grand Cayman Blue Iguana), propres à l'île. Le parc abrite aussi un agréable lac et un centre d'accueil des visiteurs à l'architecture typique.

À George Town, la visite du **Cayman Islands National Museum** ★★ *(Shedden Rd., 345-949-8368, www.museum.ky)* permet de découvrir le passé culturel et historique des îles grâce à une riche collection de quelque 8 000 objets et documents de toutes sortes. Le **National Trust's Mastic Trail** constitue pour sa part un instructif parcours pédestre dans la ville et ses environs. Le National Trust est un organisme qui veille à préserver non seulement les bâtiments historiques, mais aussi les sites naturels ainsi que la faune et la flore indigènes des îles Cayman. Les tortues de mer ont depuis toujours fréquenté ces îles, mais leur survie est aujourd'hui menacée. La **Cayman Turtle Farm** ★★ *(786 Northwest Point Rd., West Bay, 345-949-3894, www.turtle.ky)* est une ferme qui fait l'élevage de ces tortues. Certaines d'entre elles sont relâchées

Stingray City.

en mer, soit plus de 31 000 depuis la création de la ferme; les autres sont destinées à la consommation locale.

Ceux qui désirent nager et s'amuser en compagnie des raies pourront le faire à **Stingray City** ★★★, où l'on en trouve plus d'une trentaine, certaines atteignant jusqu'à 2 m de diamètre. Cette attraction est extrêmement populaire, tant et si bien que ce serait une bonne idée de réserver sa place.

Little Cayman ★★

À plus de 140 km au nord-est de Grand Cayman, Little Cayman est accessible par avion (Cayman Airways) depuis Grand Cayman et Cayman Brac. Il s'agit de la plus petite des îles Cayman (26 km^2), reconnue pour sa tranquillité, sa biodiversité et ses sites de plongée. On y croise de nombreux iguanes, et les amateurs auront plaisir à observer une des plus grandes colonies de fous à pieds rouges au sein de la **Booby Pond Nature Reserve** ★★★, dans l'ouest de l'île. Non loin de cette réserve, on peut en apprendre plus sur l'histoire et le patrimoine de l'île grâce au **Little Cayman Museum** ★. La préservation des écosystèmes et de la biodiversité exceptionnelle de l'île est une préoccupation constante des chercheurs du **Little Cayman Research Centre** ★★, sur la côte nord. Les scientifiques se font un plaisir d'expliquer la mission du centre aux visiteurs de passage. Pour les plongeurs expérimentés, il est possible de se joindre à un des chercheurs pour l'assister dans sa collecte de données grâce aux programmes *Dive With a Researcher*. Pour les amateurs de plage, on recommande la **Point of Sand** ★★★,

Sur la Lighthouse Road, Cayman Brac.

à l'extrémité est de l'île, pour son calme et ses coraux. La plage de **Bloody Bay Wall** ***, quant à elle, doit son nom à une bataille maritime qui s'est déroulée non loin au XVIIe siècle et elle constitue un site de rêve pour tout plongeur.

Cayman Brac **

À 8 km à l'est de Little Cayman, Cayman Brac est accessible depuis Grand Cayman et Little Cayman par voie aérienne (Cayman Airways). La caïmanite, une pierre semi-précieuse, provient des falaises escarpées qui entourent cette île peu peuplée et parfaite pour les amoureux de la nature. Au cœur de l'île se trouve la tortueuse **Lighthouse Road**, qui traverse la **National Trust Parrot Reserve** ***, qui a pour mission de sauvergarder l'espèce de perroquets endémiques de l'île. Cette route rejoint le **Bluff** ** à l'extrémité est, le point le plus élevé (43 m) de l'île, où le sommet du phare offre une vue à couper le souffle sur l'immensité de l'océan. À Stake Bay, dans une maison peinte de bleu et de blanc, se trouve le **Cayman Brac Museum** * *(gratuit)*, qui rassemble de nombreux objets retraçant la vie et l'histoire des habitants de l'île. Un des sites de plongée très appréciés se trouve à l'extrémité ouest de l'île, où l'épave du **MV *Captain Keith Tibbetts*** ***, une frégate russe, profite au développement de la vie marine.

Achats

George Town est l'endroit pour faire des achats détaxés, que ce soit des bijoux, des vêtements, des appareils électroniques... Le **marché de Camana Bay** est intéressant pour tout ce qui fait partie des produits

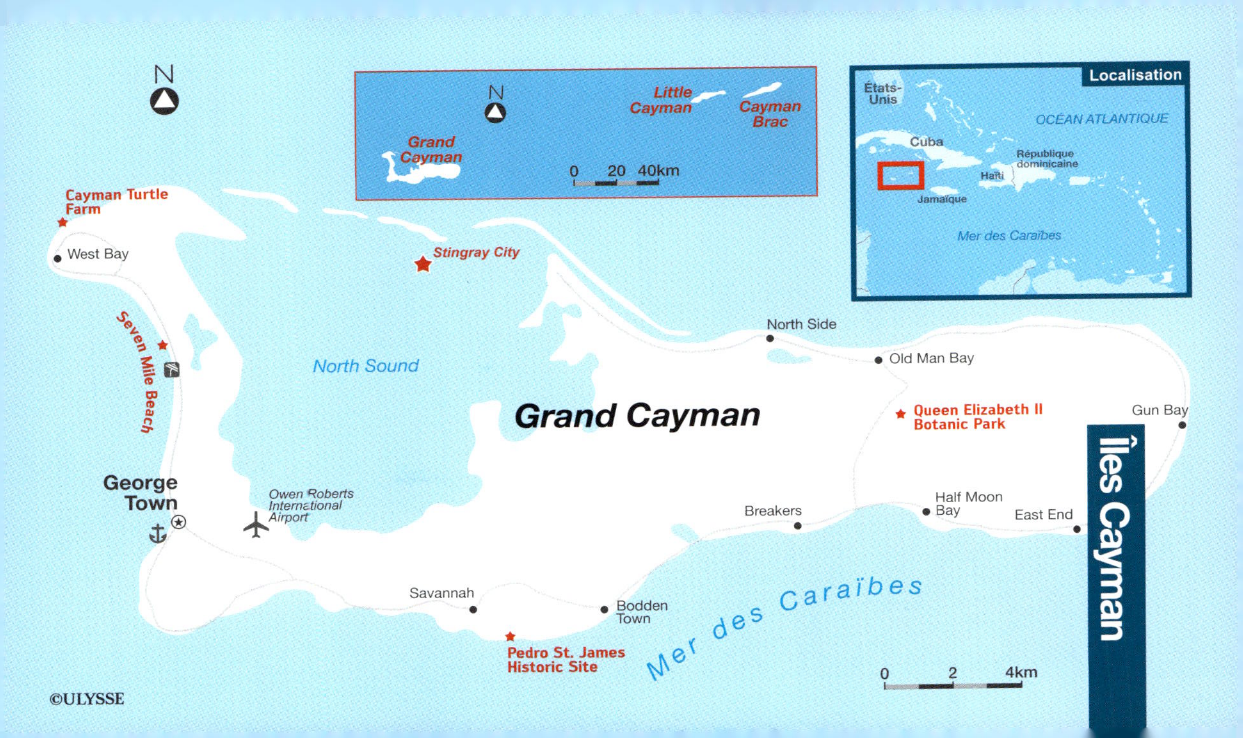
Îles Cayman
Localisation
États-Unis
OCÉAN ATLANTIQUE
Cuba
République dominicaine
Haïti
Jamaïque
Mer des Caraïbes
Grand Cayman
Little Cayman
Cayman Brac
N
0 20 40km
Cayman Turtle Farm
West Bay
Stingray City
Seven Mile Beach
North Sound
George Town
Owen Roberts International Airport
Grand Cayman
North Side
Old Man Bay
Queen Elizabeth II Botanic Park
Gun Bay
Half Moon Bay
East End
Breakers
Savannah
Bodden Town
Pedro St. James Historic Site
Mer des Caraïbes
0 2 4km
©ULYSSE

The Club sur Little Cayman.

locaux (bijoux en caïmanite, vannerie, sel de mer). Le Seven Fathoms Rum, le rhum local, est quant à lui disponible dans de nombreux commerces, mais aussi à la distillerie **Cayman Spirits Co. Distillery**.

Cafés et restos

Cimboco

Seven Mile Beach, 345-947-2782

Situé en face de la magnifique Seven Mile Beach, le Cimboco sert des mets tout simples mais délicieux dans une ambiance familiale. Pizzas, pâtes et fruits de mer ont tous une petite touche caribéenne.

Sunshine Grill

Sunshine Suites Resort, 1465 Esterley Tibbetts Hwy., 345-949-3000

Le menu du Sunshine Grill affiche fruits de mer, poissons et hamburgers. Bon rapport qualité/prix.

Logement

La plus grande partie de l'offre d'hébergement se concentre sur Grand Cayman et plus particulièrement à Seven Mile Beach et dans ses alentours. Le visiteur a le choix entre des complexes touristiques (**Grand Cayman Beach Suites**, **Grand Cayman Marriott Beach Resort**), des hôtels (**Sunshine Suites Resort**) ou des locations (**Lacovia Condominiums**, **Coral Stone Club**). Sur Little Cayman, les possibilités d'hébergement existent, mais sont plus réduites (**Paradise Villas**, **The Club at Little Cayman**, **Pirates Point Resort**), de même que sur Cayman Brac (**Cayman Breakers**, **Brac Reef Beach Resort**).

14

Îles Turks et Caicos

Les îles Turks et Caicos font le bonheur des visiteurs qui apprécient les longs après-midis au soleil. Ce magnifique archipel s'enorgueillit de son hôtellerie accueillante, de ses nombreuses plages idylliques et de ses merveilleux récifs coralliens. D'ailleurs, ces récifs ont été à l'origine de nombreux naufrages aux XVIe et XVIIe siècles. Avis aux amateurs de plongée : de nombreuses épaves vous attendent dans les fonds marins!

Situé au nord d'Haïti, dans l'océan Atlantique, l'archipel de Turks et Caicos, avec sa trentaine d'îles, s'étend sur 430 km^2. Il se compose de huit îles principales, de six récifs coralliens ainsi que de nombreux îlots rocheux. Mais l'île qui ravit les visiteurs est Providenciales. Appelée familièrement *Provo*, elle constitue le centre urbain des îles Turks et Caicos.

À voir, à faire

(voir carte p. 113)

Grand Turk ★★

L'île de Grand Turk est calme et l'on y trouve divers bâtiments coloniaux. Dans le **Turks Island Passage**, la profondeur des eaux attire les baleines migratrices et les dauphins venus jouer dans l'étrave des épaves.

Cockburn Town ★★

Siège du gouvernement, Cockburn Town aligne, le long de Duke Street et de Front Street, ses édifices historiques des XVIIIe et XIXe siècles. Construits à l'époque de l'industrie saline, ils s'empreignent d'une architecture d'inspiration bermudienne aux tons pastel. La capitale renferme entre autres la résidence du Gouverneur, des églises anciennes, la bibliothèque publique, de même qu'un petit square où s'élève un beau monument à Christophe Colomb, qui aborda dans l'île de Grand Turk en 1492.

Caicos Conch Farm.

La Nouvelle-Écosse et les îles Turks et Caicos

En 2004, le gouvernement de la province de la Nouvelle-Écosse a invité les îles Turks et Caicos à faire partie de leur territoire dans le cas où elles accepteraient d'être annexées au Canada, contournant ainsi le problème de la création d'une nouvelle province distincte. En 2014, le ministre des Affaires étrangères du Canada écarta toutefois cette possibilité.

Aménagé dans l'historique Guinep House, le **Turks & Caicos National Museum** ★★★ *(Front St., 649-946-2160, www.tcmuseum.org)*, malgré ses deux petits étages, fait la lumière sur l'histoire des îles Turks et Caicos. Il raconte notamment les naufrages sur les récifs autour de l'île et en décrit les épaves, dont une serait la plus ancienne (1505) de l'hémisphère Ouest. De plus, une petite exposition est dédiée à l'ancien astronaute John Glenn, qui amerrit tout près de là lors d'un de ses vols dans l'espace.

Datant de plus de 150 ans, le **Grand Turk Lighthouse** ★★, qui se dresse sur la pointe nord de l'île, fut installé pour réduire le nombre de naufrages. Au début, le phare fonctionnait avec des lampes à l'huile de baleine, en 1943, du kérosène fut utilisé; on y brancha l'électricité en 1971.

Governor's Beach ★★★ s'étend devant la résidence du Gouverneur. Ce superbe croissant de sable doux est caressé par les eaux turquoise de l'océan Atlantique. Par temps clair, cette plage devient le meilleur site de l'île d'où plonger pour avoir vue sur les poissons et les coraux multicolores.

Little Bluff Point Beach ★★, une plage adossée à une falaise, se trouve juste à l'ouest du phare. En saison, les flamants viennent aussi s'y baigner.

Pillory Beach ★★ est populaire auprès des plongeurs de tout acabit, car, à environ 1 km de cette plage, se cache un vrai récif-barrière.

Grand Turk Lighthouse.

Providenciales ★★★

Situé sur la Leeward Highway, au centre de l'île de Providenciales, **Cheshire Hall** ★★★ est le site d'une ancienne plantation de coton. Vous renouerez ici avec un passé vieux de plus de 200 ans.

Non loin de Chalk Sound, au sommet de Sapodilla Hill, de nombreuses pierres (**Sapodilla Hill Rock Carvings** ★★★) ont été gravées par des marins souhaitant marquer leur passage. La plupart des inscriptions datent d'avant 1844.

Seul élevage de conques au monde, la **Caicos Conch Farm** ★★ *(Leeward Hwy., 649-946-5330, www.caicosconchfarm.net)* élève massivement ces coquillages dans le but de les protéger de l'extinction. Elle les destine à l'exportation commerciale et à la consommation locale.

Le **Princess Alexandra Marine Park** ★★, dans le secteur de Grace Bay, offre aux plongeurs de tout acabit un panorama époustouflant sur les fonds marins.

Dans l'ouest de l'île, **Malcolm's Road Beach** ★, une plage de 3,5 km de long, est idéale pour la marche, la détente ou la plongée-tuba.

Le **Northwest Point Marine National Park** ★★ s'étend devant la côte ouest de l'île. Il assure la protection des récifs coralliens.

L'eau du **Chalk Sound National Park**, situé au sud-ouest de l'île, est turquoise et limpide. Ce bras de mer s'allonge sur près de 5 km.

Achats

Providenciales concentre l'essentiel des commerces des îles Turks et Caïcos, notamment autour de **Grace**

Grand Turk.

Bay. On y trouve de nombreux objets d'art et d'artisanat locaux qui sont tout indiqués comme souvenirs : vannerie, conques décorées, sculptures, poteries, bijoux…

Cafés et restos

Grace's Cottage

Point Grace Resort, Grace Bay Rd, Providenciales, 649-946-5096

Ce restaurant est idéal pour un dîner fin dans une ambiance intime.

Magnolia Restaurant & Wine Bar

Miramar Resort, Turtle Cove, Providenciales, 649-941-5108

Menu raffiné et vins français accompagnent la vue sur Turtle Cove.

Mango Reef

The Alexandra Resort on Grace Bay Beach, Grace Bay Rd., Providenciales, 649-946-8200

Produits de la mer et grillades sont au menu de ce paisible restaurant situé sur le bord de la piscine du complexe hôtelier.

Logement

La plupart des lieux d'hébergement de Providenciales, notamment les complexes hôteliers offrant la formule tout-inclus (**Club Med Turkoise**, **Beaches Turks & Caicos Resort Village & Spa**), pratiquent des prix haut de gamme. Pour les plus petits budgets, il existe des possibilités de location de logements (**Harbour Club Villas**, **Island Club Townhouses**). Sur Grand Turk, le choix est plus limité quant à la gamme des lieux d'hébergement disponible. Meilleur marché, l'île de Grand Turk compte différents hôtels (**Osprey Beach Hotel**) et auberges (**Island House**, **Grand Turk Inn**).

Îles Turks et Caicos

15

Îles Vierges américaines

Archipel des Petites Antilles situé à l'est de Puerto Rico, les îles Vierges américaines sont constituées d'une cinquantaine d'îlots, pour la plupart inhabités, et de trois grandes îles: St. John, St. Thomas et St. Croix.

St. Croix est la plus grande des îles Vierges américaines, et la découverte de forts historiques, comme ceux de Frederiksted et de Christiansted, les deux principales villes de l'île, est incontournable. À prévoir aussi: une excursion à Buck Island, l'un des plus beaux sites de plongée des îles Vierges américaines.

St. John attire surtout les amateurs de plein air, grâce à son parc national qui occupe près des deux tiers de l'île. Mais ceux qui cherchent des plages y trouveront aussi leur bonheur: St. John en compte plusieurs intéressantes.

St. Thomas vit au rythme des arrivées et départs des bateaux de croisière et autres voiliers qui accostent au port de Charlotte Amalie. Les vacanciers argentés profitent souvent de cette escale à St. Thomas, car la ville a la réputation d'être la Mecque du lèche-vitrine dans les Caraïbes. Édifices coloniaux, réserves marines, forteresses historiques et plages paradisiaques sont également au programme!

St. Croix

À voir, à faire

(voir carte p. 118)

Suivre le **St. Croix Heritage Trail** ★★★ donne l'occasion de découvrir les principaux attraits de

Le Fort Christiansvaern, en bord de mer.

St. Croix tout en personnalisant sa découverte de l'île. Citons, parmi les incontournables de ce circuit, la Whim Plantation et la Cruzan Rum Distillery, producteur d'une dizaine de rhums différents, et ce, depuis 1776.

Christiansted ★★

Ancienne capitale des îles Vierges américaines, Christiansted est l'endroit idéal pour commencer sa visite de St. Croix. Le quartier du front de mer, un site historique national, recèle plusieurs bâtiments datant des XVIIIe et XIXe siècles. Les petites ruelles, bordées de maisons aux tons pastel, vous conduiront vers le **Fort Christiansvaern** ★★★, en bord de mer. Construit par les Danois en 1749 sur le site d'un ancien fort français, il comporte les traditionnels donjons, remparts et canons, et se visite en compagnie des guides du National Parks Service qui administrent le site. Près du fort, le **Steeple Building** ★★ abrite un petit musée retraçant l'histoire des Arawaks et des premiers planteurs européens de l'île.

Frederiksted ★★★

Seconde ville en importance de St. Croix, Frederiksted possède, comme Christiansted, son propre fort. Dans la partie ouest de l'île, le **Fort Frederik** ★★★ domine de jolies maisons victoriennes et des églises datant du XIXe siècle. C'est à cet endroit que fut proclamée l'abolition de l'esclavage dans l'île, en 1848.

La superbe demeure des Lawaetz, propriétaires terriens originaires du Danemark, ouvre ses portes aux visiteurs. On découvre au **Carl and Marie Lawaetz Museum** *(route 76,*

340-772-0598) un peu du quotidien de cette famille venue faire fortune dans les Caraïbes à la fin du XIXe siècle.

Si vous êtes amateur de nature vierge, empruntez la Creque Dam Road au nord de Frederiksted. À quelques kilomètres de la ville, cette route traverse une superbe **forêt tropicale**. On y accède également par la route 76 *(Mahogany Rd.)*.

Le **St. George Village Botanical Garden** ★★ *(127 Estate St. George, 340-692-2874, www.sgvbg.org)* a été aménagé sur les ruines d'une ancienne plantation. Il regorge de plantes exotiques, parmi lesquelles on retrouve plusieurs espèces rares d'orchidées.

Le **Whim Plantation Museum** ★★ *(Centerline Rd., route 70, 340-772-0598)* fait revivre une plantation datant du XVIIIe siècle entièrement reconstituée. La Great House, ancienne demeure du maître, a conservé ses meubles d'origine. D'autres bâtiments situés sur la propriété ont également été restaurés. C'est le cas du moulin et de la sucrerie.

La **Cruzan Rum Distillery** ★★★ *(Estate Diamond 3, West Airport Rd., route 64, 340-692-2280, www.cruzanrum.com)* est, dit-on, l'une des meilleures distilleries de rhum au monde. L'ancienne Estate Diamond, ouverte depuis près de 300 ans, propose un tour guidé de ses installations qui explique la fabrication du rhum. La visite se termine par une dégustation.

Le **Salt River Bay National Historical Park and Ecological Preserve** ★★★ *(route 80, 340-773-1460, www.nps.gov/sari)* est un site historique: c'est à cet endroit que Christophe Colomb aborda dans l'île en 1493.

Buck Island Reef National Monument ★★★

Déclaré « monument national » *(www.nps.gov/buis)*, ce récif est un véritable parc marin et un superbe site de plongée, devenu au fil du temps l'un des principaux attraits des îles Vierges américaines. Des excursions en bateau partent régulièrement du port de St. Croix pour Buck Island, riche en coraux et en poissons tropicaux. Ceux qui sont davantage attirés par le farniente que par la plongée auront accès à une superbe plage de sable blanc: **Rainbow Beach**.

Achats

On apprécie St. Croix pour ses petites boutiques, notamment sous les arcades des rues **King Street** et **Company Street** de Christiansted, idéales pour trouver quelques objets d'artisanat local (bijoux, poteries...) à rapporter. Les marchés hebdomadaires de **Frederiksted**, plus particulièrement celui aux poissons, en bord de mer, sont idéals pour faire le plein de produits frais.

Plongée-tuba à Buck Island.

Cafés et restos

The Terrace

The Buccaneer, 5007 Estate Shoys, Christiansted, 340-712-2100

Anciennement le Kendrick's, maintenant rebaptisé The Terrace et installé dans l'hôtel The Buccaneer. On peut dîner à la terrasse et choisir entre plusieurs entrées, des plats de pâtes et de poisson ou quelques spécialités locales.

Rum Runners

Hotel Caravelle, 44A Queen Cross St., Christiansted, 340-773-6585

En bord de mer, Rum Runners offre une jolie vue sur le port de Christiansted. Le menu est assez éclectique et attire beaucoup de résidents, séduits par la vue, l'ambiance et la cuisine. On peut aussi y prendre son petit déjeuner.

Harvey's

11B Company St., Christiansted, 340-773-3433

Au menu de ce sympathique restaurant, vous trouverez des spécialités caribéennes: ragoût de chèvre, langouste aux épices, poisson frit à la sauce créole, bananes plantains, etc. Essayez les tartes à la goyave ou à l'ananas.

Logement

St. Croix offre de nombreuses possibilités d'hébergement sur sa côte nord, des petites auberges (**Caringtons Inn**, **Villa Margarita**) aux grands complexes hôteliers (**The Palms at Pelican Cove**, **The Buccaneer**) en passant par les locations de logements (**Colony Cove**, **Villa Madeleine**).

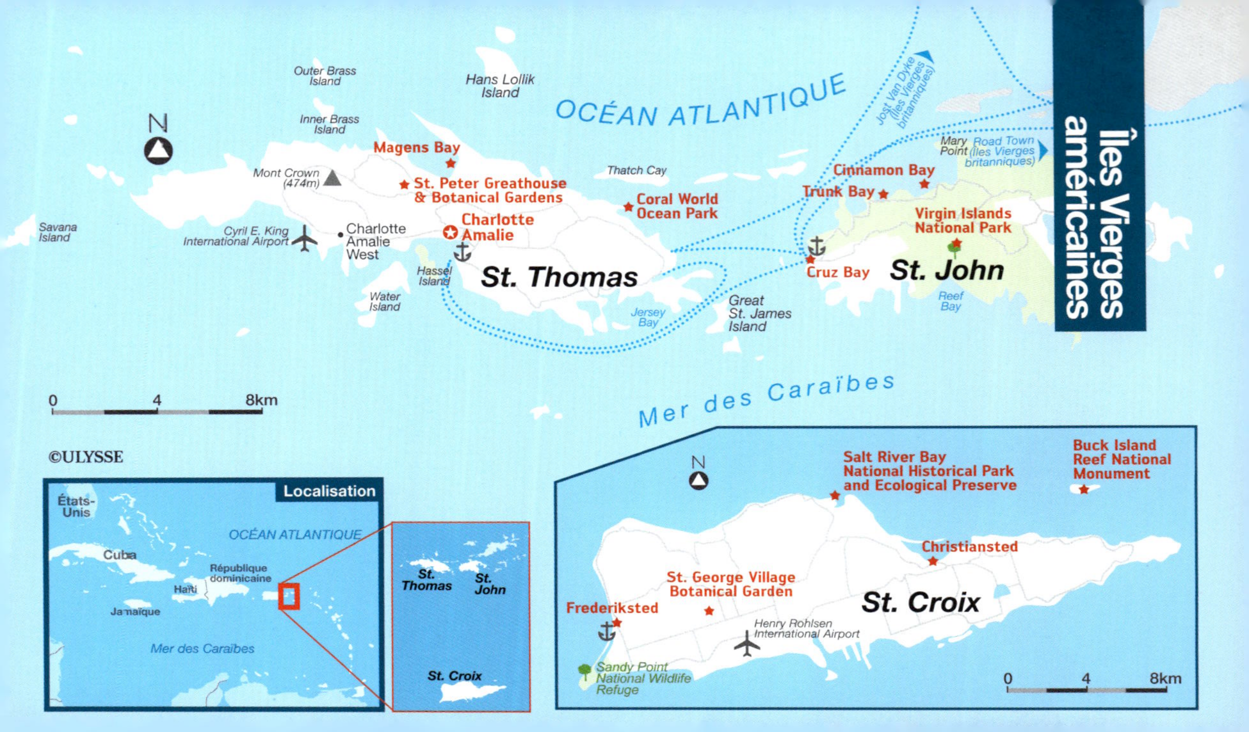

Îles Vierges américaines
OCÉAN ATLANTIQUE
Outer Brass Island
Hans Lollik Island
Inner Brass Island
Magens Bay
Mont Crown (474m)
St. Peter Greathouse & Botanical Gardens
Thatch Cay
Coral World Ocean Park
Savana Island
Cyril E. King International Airport
Charlotte Amalie West
Charlotte Amalie
Hassel Island
Water Island
St. Thomas
Jersey Bay
Great St. James Island
Jost Van Dyke (îles Vierges britanniques)
Mary Point
Road Town (îles Vierges britanniques)
Cinnamon Bay
Trunk Bay
Virgin Islands National Park
Cruz Bay
St. John
Reef Bay
Mer des Caraïbes
0
4
8km
©ULYSSE
Localisation
États-Unis
OCÉAN ATLANTIQUE
Cuba
République dominicaine
Haïti
Jamaïque
Mer des Caraïbes
St. Thomas
St. John
St. Croix
Salt River Bay National Historical Park and Ecological Preserve
Buck Island Reef National Monument
Christiansted
St. George Village Botanical Garden
Frederiksted
St. Croix
Henry Rohlsen International Airport
Sandy Point National Wildlife Refuge
0
4
8km

Trunk Bay.

St. John

À voir, à faire

(voir carte p. 118)

Virgin Islands National Park ★★★

St. John est en train de devenir le fief de l'écotourisme dans l'archipel grâce au **Virgin Islands National Park** *(www.nps.gov/viis)*. Ce dernier couvre les deux tiers du territoire de l'île et vise la conservation de ses richesses naturelles. On peut y observer 800 variétés de plantes et plus de 50 espèces d'oiseaux tropicaux.

Un don des Rockefeller

La famille américaine des Rockefeller, détentrice de vastes propriétés sur l'île de St. John, fit don d'une partie de ses terres au National Park Service en 1956 afin qu'elles soient rattachées au Virgin Islands National Park, qui vise à protéger les ressources naturelles de l'île.

Ailleurs dans l'île

On trouve encore quelques plantations de canne à sucre dans l'île, mais l'attrait principal reste le parc lui-même, ses récifs coralliens et ses plages de sable fin, dont les plus populaires sont **Trunk Bay** ★★ et **Cinnamon Bay** ★★★. Si vous cherchez un peu d'animation, dirigez-vous vers **Cruz Bay** ★★★, qui

Charlotte Amalie.

regroupe les restaurants, les bars et les boutiques de l'île.

Achats

À **Cruz Bay**, les alentours du port sont bien fournis en échoppes de produits de luxe. Pour l'artisanat et les produits locaux, on se tourne plutôt vers les magasins de la route 104.

Cafés et restos

Morgan's Mango

Cruz Bay, 340-693-8141

Morgan's Mango propose une savoureuse cuisine caribéenne. Belle sélection de cocktails.

Skinny Legs Bar and Grill

Coral Bay, 340-779-4982

Reconnu pour ses hamburgers, Skinny Legs est très populaire auprès des résidents de l'endroit.

The Fish Trap

Cruz Bay, 340-693-9994

Le lieu idéal à Cruz Bay pour déguster de délicieux poissons et fruits de mer. Service amical.

Logement

Le marché des villas et appartements privés à louer est bien développé sur St. John. Pour voir les options qui s'offrent, il existe de nombreuses agences qui se concentrent sur différentes parties de l'île. Les auberges aussi sont nombreuses (**Estate Lindholm**, **St. John Inn**, **Garden by the Sea Bed and Breakfast**). Pour les complexes hôteliers, on se tourne vers les **Westin St. John Resort and Villas** ou le **Caneel Bay Resort**.

St. Thomas

À voir, à faire

(voir carte p. 118)

Charlotte Amalie ★★★

Charlotte Amalie attire d'abord l'œil des flâneurs grâce à ses petites maisons colorées à toit de tuiles rouges. Ce port demeure avant tout une escale incontournable pour les croisiéristes dans les Caraïbes. La capitale des îles Vierges américaines est en effet réputée pour ses innombrables boutiques qui se succèdent le long de **Main Street** ainsi que dans le **Havensight Mall**. Attendez-vous à faire de très bonnes affaires, puisque les autorités américaines doublent ici la quantité autorisée de produits détaxés.

Le **Fort Christian** ★★★ est le plus ancien bâtiment des îles Vierges américaines. Site historique national, cette forteresse fut construite en 1672 pour protéger l'île contre les attaques des pirates et des armadas européennes. Elle servit par la suite d'édifice gouvernemental, d'église, puis de centre communautaire. Aujourd'hui, elle abrite le **Virgin Islands Museum** ★, un petit musée qui expose quelques objets retraçant l'histoire de l'île.

Au détour des ruelles de la capitale, on remarque la **Synagogue of Beracha Veshalom Vegmiluth Hasidim** ★★★. Il s'agirait de l'une des plus vieilles synagogues encore en activité aux États-Unis. La **Government House** ★★, construite par les Hollandais en 1867, abrite des bureaux gouvernementaux. C'est aussi là que l'on pourra admirer quelques toiles de Camille Pissarro.

La villa du **Seven Arches Museum** ★★★ *(340-774-9295, www.sevenarchesmuseum.com)*, qui date du XVIIIe siècle, a été entièrement restaurée. Cuisine, quartiers des esclaves, salons décorés de meubles d'époque, le tout rappelle le passé colonial de l'île, à l'époque où St. Thomas était encore sous occupation hollandaise.

En grimpant les « 99 marches » (*99 steps*) qui relient le port aux hauteurs de **Government Hill**, on atteint le **Bluebeard's Castle** ★ *(340-774-1600, www.bluebeardscastles.com)*, une tour fortifiée datant du XVIIe siècle, qui abrite aujourd'hui un hôtel. Il s'agit de l'un des plus anciens bâtiments historiques des îles Vierges américaines.

Le **Skyride to Paradise Point** ★★ *(www.ridetheview.com)* offre une façon originale de découvrir la capitale des îles Vierges américaines: pourquoi en effet ne pas la survoler... en téléphérique? Entre Havensight et Paradise Point, vous aurez le temps de vous offrir une vue spectaculaire sur la ville et l'île tout entière.

Ailleurs dans l'île

À Coki Point, sur la côte nord-est de St. Thomas, le **Coral World Ocean Park** ★★★ *(6450 Coki Point Rd, 340-775-1555, www.coralworldvi.com)* est un endroit idéal pour découvrir la vie marine des Caraïbes. On y trouve entre autres une tour d'observation sous-marine fascinante où l'on voit évoluer les poissons dans leur milieu naturel; un bassin spécialement réservé aux prédateurs; un gigantesque aquarium circulaire, véritable reconstitution d'un récif de corail; et enfin le Sea Trek, pour une plongée guidée qui permet de découvrir la flore et la faune marines de l'île.

Le **St. Peter Greathouse & Botanical Gardens** ★ *(3A-18 Estate St. Peter, 340-774-4999, www.greathousevi.com)* propose une balade dans un jardin luxuriant où l'on découvre plus de 150 espèces d'arbres et de plantes tropicales.

Magens Bay ★★★ est la plage incontournable de l'île pour les vacanciers en quête de soleil. On y pratique une foule de sports nautiques, de la plongée au kayak de mer.

Achats

La capitale, Charlotte Amalie, est le meilleur endroit dans les îles Vierges américaines pour faire des achats détaxés (spiritueux, bijoux...). La rue principale (**Main Street**) ainsi que le port sont tout à fait indiqués pour ce genre de magasinage. Pour les produits locaux (épices, vannerie...), on se rend plutôt à la **Native Arts and Crafts Cooperative**, près de l'Emancipation Garden.

Cafés et restos

Banana Tree Grille

près du Bluebeard's Castle, Charlotte Amalie, 340-776-4050

Le Banana Tree Grille offre une vue imprenable sur Charlotte Amalie. Installé sur la propriété du Blue-

Coral World Ocean Park.

beard's Castle, ce restaurant gourmet domine le port où s'amarrent les bateaux de croisière. Saumon, tempuras de crevettes à la noix de coco, tartes aux fruits maison… le menu est plutôt alléchant.

Cuzzin's Caribbean Restaurant & Bar

7 Wimmelskafts Gade, aussi appelée Back Street, Charlotte Amalie, 340-777-4711

Le menu du Cuzzin's affiche de très bons plats de fruits de mer. On y cuisine les produits de la pêche du jour, pour en faire des currys ou des ragoûts.

Gladys' Café

Royal Dane Mall W., Charlotte Amalie, 340-774-6604

Pour un petit déjeuner copieux avant une journée de *shopping*, rendez-vous au Gladys' Café. On y prépare également de bons petits plats caribéens à manger sur le pouce sur l'heure du midi.

Havana Blue Restaurant

5 Estate Bakeroe, Charlotte Amalie, 340-715-2583

Une des bonnes tables de la capitale des îles Vierges américaines. La cuisine latine est antillaise, le cadre est sobre et soigné et la salle offre une très belle vue sur la Morningstar Bay.

Logement

Charlotte Amalie et ses environs sont plutôt bien fournis en hôtels (**The Green Iguana**, **Villa Santana**), alors que les complexes hôteliers se concentrent dans les parties orientale et méridionale de l'île (**Ritz-Carlton St. Thomas**, **Point Pleasant Resort**, **Bolongo Bay Beach Resort**, **Frenchman's Reef and Morning Star Marriott Beach Resort**). Plusieurs agences se chargent des locations de villas et appartements privés, nombreux sur St. Thomas.

16

Îles Vierges britanniques

À l'est des îles Vierges américaines, les îles Vierges britanniques regroupent une cinquantaine d'îles des Antilles, dont seulement 16 sont habitées. L'île de Tortola regorge de magnifiques sites naturels. Que ce soit le Sage Mountain National Park, Salt Island ou l'une des superbes plages de Tortola, vous aurez l'embarras du choix. Sans oublier Road Town, avec ses agréables restaurants. Virgin Gorda, ce sont d'abord de très belles plages de sable blanc parsemées de quelques paillotes pointant à l'ombre des cocotiers, et qui sont encore relativement vierges. Ce sont également des sites de plongée à faire rêver tout amateur de faune marine. Anegada est moins facile d'accès que ses voisines, mais elle vaut tout autant le détour avec ses fonds marins riches en épaves et sa faune et sa flore idylliques.

Avec une superficie de moins de 10 km², Jost Van Dyke peut être visitée à pied. De magnifiques plages entourent l'île et offrent de petits coins de paradis. Reliée à Tortola par traversier, l'île Jost Van Dyke doit son nom au corsaire légendaire qui a trouvé refuge dans l'archipel au XVIIe siècle, Joost van Dyk.

Anegada

À voir, à faire

(voir carte p. 127)

Entourée d'une barrière de corail, cette perle des Petites Antilles est moins connue que Tortola ou Virgin

Flash of Beauty Beach.

Gorda, qui se trouve à une vingtaine de kilomètres d'Anegada. Plus isolée que ces dernières, car accessible uniquement par avion ou bateau privé, elle recèle pourtant de véritables paysages de carte postale: sable fin, courants chauds et eaux turquoise... tout y est! Ses fonds marins sont tapissés d'épaves, idéales pour la plongée. Quant à la faune de l'île, elle réserve quelques agréables surprises, comme cette colonie de flamants roses que l'on peut observer dans les étangs salés situés près de Nutmeg Point, sur la côte sud de l'île.

Les plages

Loblolly Bay Beach ★★★ est une petite plage paradisiaque, tout simplement. Elle s'étend au nord-est de l'île et forme, avec **Cow Wreck Beach** ★★ et **Flash of Beauty Beach** ★★, un collier de plages parmi les plus belles de l'archipel.

Cafés et restos

Anegada Reef Hotel

Setting Point, 284-495-8002

Ce restaurant vaut le détour pour sa langouste grillée, son bar à ciel ouvert et son atmosphère idéale pour un souper romantique sous les étoiles. Réservations nécessaires.

Big Bamboo

Loblolly Bay, 284-495-8129

Au menu de ce restaurant sont affichés de nombreux plats de fruits de mer, notamment à base de conques et de langouste. Belle carte de cocktails au bar qui donne sur la plage de sable blanc.

Sandy Cay, Jost Van Dyke.

Logement

Les possibilités d'hébergement sont assez limitées sur Anegada. L'hôtel **Neptune's Treasure** et l'**Anegada Reef Hotel**, les locations du **Cow Wreck Beach Resort** et des **Anegada Beach Cottages** ainsi que le petit complexe hôtelier **Anegada Beach Club** en font partie.

Jost Van Dyke

À voir, à faire

(voir carte p. 127)

Les plages

L'île Jost Van Dyke abrite de très belles plages, parmi lesquelles figurent celle de **Sandy Cay** ★★, un minuscule îlot sis entre Jost Van Dyke et Tortola, réputé pour son sable blanc et point de départ des excursions de plongée sous-marine, et celle de **White Bay** ★★★, située au sud de l'île et considérée comme une des plus belles plages des Caraïbes. Enfin, l'accès à **Sandy Spit Beach** ★★ n'est possible que par bateau, mais le déplacement en vaut largement la peine.

Cafés et restos

Foxy's

Great Harbour, 284-495-9258

À la pointe sud de l'île, Foxy's propose une cuisine méditerranéenne authentique et de qualité.

Sandcastle Hotel

White Bay, 284- 495-9888

Pour s'attabler dans le restaurant de ce sympathique hôtel, il est préfé-

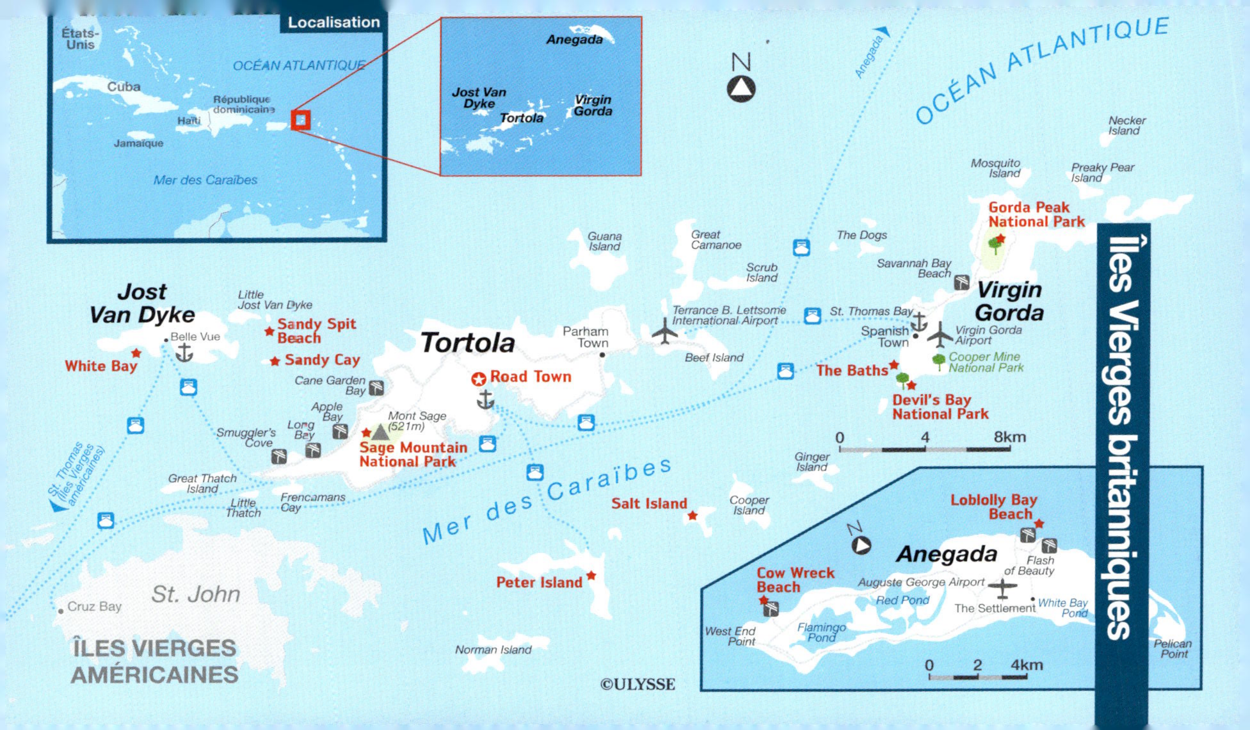
Îles Vierges britanniques
Localisation
États-Unis
OCÉAN ATLANTIQUE
Cuba
République dominicaine
Haïti
Jamaïque
Mer des Caraïbes
Anegada
Jost Van Dyke
Tortola
Virgin Gorda
OCÉAN ATLANTIQUE
Anegada
Necker Island
Mosquito Island
Preaky Pear Island
Gorda Peak National Park
Guana Island
Great Camanoe
The Dogs
Savannah Bay Beach
Scrub Island
Virgin Gorda
Jost Van Dyke
Little Jost Van Dyke
Sandy Spit Beach
Belle Vue
White Bay
Sandy Cay
Tortola
Parham Town
Terrance B. Lettsome International Airport
St. Thomas Bay
Spanish Town
Virgin Gorda Airport
Beef Island
Cooper Mine National Park
The Baths
Road Town
Cane Garden Bay
Apple Bay
Long Bay
Mont Sage (521m)
Devil's Bay National Park
Smuggler's Cove
Sage Mountain National Park
0
4
8km
Ginger Island
St. Thomas (îles Vierges américaines)
Great Thatch Island
Little Thatch
Frencamans Cay
Mer des Caraïbes
Salt Island
Cooper Island
Loblolly Bay Beach
N
Anegada
Flash of Beauty
Cow Wreck Beach
Auguste George Airport
Peter Island
Red Pond
The Settlement
White Bay Pond
St. John
Cruz Bay
West End Point
Flamingo Pond
Pelican Point
Norman Island
ÎLES VIERGES AMÉRICAINES
0
2
4km
©ULYSSE

rable de réserver. Les desserts ont une bonne réputation.

Logement

L'offre d'hébergement est proportionnelle à la taille de l'île, mais les auberges (**Ali Baba's Heavenly Rooms**, **Perfect Pineapple Guest Houses**) et les locations (**White Bay Villas and Seaside Cottages**, **Sea Crest Inn**) sont majoritaires face au seul hôtel (**Sandcastle Hotel**), situé à White Bay.

Tortola

À voir, à faire

(voir carte p. 127)

Road Town **

Capitale des îles Vierges britanniques, Road Town recèle d'excellents restaurants, des marchés publics hauts en couleur et de nombreux magasins qui s'alignent dans **Main Street**. On peut déambuler dans les sentiers des **J.R. O'Neal Botanic Gardens** **, où pousse une impressionnante variété de plantes tropicales, ou encore piqueniquer dans le **Queen Elizabeth II Park** ***, un agréable espace vert en plein cœur de la ville, où l'on trouve les fameux *white cedars* (poiriers blancs), l'arbre national des îles Vierges britanniques.

Ailleurs dans l'île

Au centre du **Sage Mountain National Park** ***, situé à l'ouest de Road Town, s'élève le mont Sage, le plus haut sommet de l'île (523 m). Ce parc est l'un des 21 parcs nationaux que compte l'archipel. Plusieurs sentiers pédestres permettent aux promeneurs d'y découvrir une végétation tropicale luxuriante.

Les plus belles plages de Tortola longent la côte nord de l'île: **Cane Garden Bay** *** et **Apple Bay** **, réputées pour la pratique du surf et à proximité desquelles se trouvent plusieurs restaurants et bars. **Long Bay** **, ceinte de palmiers, et **Smuggler's Cove** ** sont quant à elles situées à la pointe ouest de l'île et offrent une eau turquoise calme, idéale pour la baignade ou la plongée-tuba.

De Road Town, vous pouvez prendre un bateau jusqu'à **Peter Island** **, une île où vous pourrez vous relaxer en toute tranquillité sur une des plages de sable blanc ou séjourner au luxueux Peter Island Resort & Spa.

Pour les amateurs de plongée, l'épave du RMS *Rhone* gît depuis 1867 à proximité de la pointe ouest de **Salt Island** ***, une petite île située au sud de Tortola. L'épave est bien conservée et les plongeurs peuvent encore apercevoir le ponton et même une partie du gréement. Cette expérience de plongée sous-marine est inoubliable, d'autant plus

Îles Vierges britanniques

J.R. O'Neal Botanic Gardens.

que le site et les récifs alentour sont protégés par une réserve marine.

Achats

La rue principale (**Main Street**) et les environs de la **marina de Road Town** sont tout indiqués pour partir à la recherche de souvenirs à rapporter, comme les vêtements en batik, un tissu décoré de motifs colorés. Quant à l'artisanat local, et plus particulièrement les poteries qui ont fait la réputation de l'île, vous en trouverez sur le front de mer de Road Town, au **Crafts Alive Market**.

Cafés et restos

Capriccio di Mare

196 Waterfront Dr., Road Town, 284-494-5369

Probablement le restaurant italien le plus authentique de l'archipel, Capriccio di Mare est un établissement décontracté qui compte sur une clientèle fidèle.

Dove Restaurant & Wine Bar

67 Main St., Road Town, 284-494-0313

Le Dove loge un restaurant au rez-de-chaussée et un bar à vin à l'étage. Tous deux servent une savoureuse cuisine internationale.

Logement

La location de villas et d'appartements privés est en essor dans les îles Vierges britanniques. L'agence **McLaughlin-Anderson Luxury Villas** *(www.mclaughlinanderson.com)*, offre des locations haut de gamme sur Tortola. À Road Town, les hôtels sont nombreux (**The Moorings-Mariner Inn, Village Cay Hotel & Marina, Nanny Cay Hotel**), mais

The Baths.

ne profitent pas du bord de mer. Le reste de l'offre hôtelière est plus dispersé sur la pointe ouest de l'île, avec des complexes balnéaires (**Frenchmans Hotel**, **Sugar Mill Hotel**, **Long Bay Beach Club**) ainsi que des hôtels (**Myett's Garden Inn**, **Sebastian's on the Beach**).

Virgin Gorda

À voir, à faire

(voir carte p. 127)

The Baths ★★★

Formation rocheuse vieille de plusieurs millions d'années, The Baths demeure un site complètement surréaliste et l'une des attractions phares de l'archipel des îles Vierges britanniques. De gigantesques rochers de granit créent de mystérieuses crevasses et des bassins naturels aux eaux turquoise. À proximité du site, il ne faut pas manquer le **Devil's Bay National Park** ★★★, qui compte quelques sentiers pédestres ainsi qu'une plage recouverte de coraux pulvérisés.

Gorda Peak National Park ★★★

Ce parc national abrite le sommet le plus élevé de Virgin Gorda. Situé en plein centre de l'île, il renferme des plantations d'acajous ainsi qu'une tour d'observation offrant une vue imprenable sur la baie.

Savannah Bay Beach ★★

Située à quelques kilomètres de l'aéroport, Savannah Bay Beach est une

des plages les plus fériques des îles Vierges britanniques pour contempler les couchers de soleil.

Cafés et restos

Chez Bamboo

près du Ferry Dock, Spanish Town, 284-495-5752

On y déguste une cuisine créole et antillaise dans un décor somptueux. Des musiciens de jazz y donnent également des spectacles les vendredis soir.

Top of the Baths

The Valley, 284-495-5497

Situé en surplomb sur les fameuses plages bordées de rochers de granit, cet établissement offre une vue spectaculaire de même qu'il concocte un gâteau au rhum inoubliable! Des formations musicales de type *steel band* s'y produisent le week-end.

Logement

Il est possible de louer des villas privées sur Virgin Gorda par l'entremise des agences **Villas Virgin Gorda Rentals** *(www.virgingordabvi.com)* et **Villas Virgin Gorda** *(www.villasvirgingorda.com)*. Pour profiter d'une formule tout-inclus, on se rend au **Bitter End Yacht Club**, en direction de North Sound. Tout autour de l'île se succèdent les hôtels (**Rosewood Little Dix Bay**, **Leverick Bay Resort and Marina**, **Fischer's Cove Beach Hotel**) et les locations (**Virgin Gorda Village**, **Mango Bay Resort**, **Guavaberry Spring Bay Vacation Homes**).

17

Jamaïque

La Jamaïque est une destination touristique de plus en plus prisée dans les Caraïbes. Elle est reconnue pour son charme colonial, ses plantations de café et de canne à sucre dominées par d'imposantes propriétés, ses belles plages de sable blanc qui s'étirent sur la côte nord et ses paysages montagneux révélant une nature encore sauvage... Sans oublier le son du reggae, qui ne quittera pas un instant le visiteur aussitôt les pieds posés sur l'île.

Située au sud des côtes cubaines, la Jamaïque est la troisième île en importance des Caraïbes. Son relief est varié : très montagneuse dans les terres, notamment à l'est où s'élèvent les Blue Mountains, qui culminent à 2 256 m, l'île est bordée par une plaine côtière où s'étendent de vastes plantations de canne à sucre et de superbes plages. Le climat tropical offre ici des températures annuelles moyennes de 27°C.

À voir, à faire

(voir carte p. 137)

Ocho Rios ★★★

Capitale touristique de la côte nord, Ocho Rios regroupe un grand nombre de restaurants et de bars. Les fameuses **Dunn's River Falls** ★★ *(5 km à l'ouest d'Ocho Rios, www.dunnsriverja.com)*, de majestueuses cascades qui dégringolent des collines sur environ 600 m et se jettent dans la mer des Caraïbes, se trouvent à seulement quelques kilomètres de la ville. Les excursions à travers les grandes plantations de la région, entre autres la **Prospect Plantation** ★★★ *(5 km à l'est d'Ocho Rios, 876-974-5335, www.prospectoutbackadventures.com)*, la plongée sous-marine, le farniente sur de jolies plages de sable blanc (**Turtle Beach**) et les visites de la **Firefly House** ★★★ *(4 km à l'ouest de Port Maria, 876-725-0920, www.*

1. Un drapeau jamaïquain à Montego Bay.
2. Dunn's River Falls, Ocho Rios.

firefly-jamaica.com) et du **Good Hope Estate** ★★★ *(15 km au sud de Falmouth, 876-881-6869, www.goodhopejamaica.com)*, ces grandes maisons coloniales qui dominaient les vastes plantations d'antan, font également partie des activités auxquelles s'adonnent nombre de vacanciers.

L'intérieur de la côte nord révèle un autre visage d'Ocho Rios : de petites routes mal entretenues zigzaguent entre les collines de l'arrière-pays. Ici la vie coule au rythme des récoltes et c'est le magnifique paysage qui en constitue l'attrait principal. C'est également cette région qui a vu naître le chanteur de reggae Bob Marley, le Jamaïquain le plus connu dans le monde. On y visite, au village de Nine Mile, les lieux marquants de sa vie et de sa carrière, la maison de son enfance de même que l'endroit où il repose en paix, le **Bob Marley Mausoleum** ★★ *(15 km au sud de Brown's Town et 15 km à l'est d'Alexandria)*.

Falmouth ★★

Falmouth est l'un des rares endroits où l'on peut admirer le passé colonial de la Jamaïque. En effet, cette ville située à mi-chemin entre Discovery Bay et Montego Bay renferme une quantité impressionnante d'édifices d'inspiration georgienne.

Montego Bay ★★

Montego Bay est la deuxième ville en importance de la Jamaïque et le principal centre industriel de la côte nord. L'industrie touristique assure la croissance de cette région. La ville, communément appelée *MoBay*

Les rastafaris

La Jamaïque est la terre de la philosophie rasta, ce mouvement spirituel, politique, voire religieux, auquel adhèrent nombre de Jamaïquains. Les rastafaris prônent un retour aux racines africaines du peuple ainsi qu'un plus grand respect de la nature. Hailé Sélassié Ier, ancien empereur éthiopien, est considéré comme le prophète de ce mouvement.

par ses habitants, possède en effet sa propre zone hôtelière, bordée de restaurants et de bars. On vient surtout dans la région pour se prélasser sur les nombreuses plages idylliques qui ponctuent la côte, particulièrement à l'est de la ville où se trouve le **Rose Hall Beach Club** ★★.

Outre ses plages de sable fin, Montego Bay séduit les visiteurs par son cachet historique. Les grandes plantations de canne à sucre, développées par les Anglais au XVIIe siècle, ont souvent conservé leurs fastueuses demeures de maîtres. Quelques-unes de ces propriétés (**Rose Hall Great House** ★★, **Hampden Estate** ★★ et **Greenwood Great House** ★★★) peuvent être visitées autour de Montego Bay.

Negril ★★

Populaire station balnéaire située à l'extrême ouest de la Jamaïque, Negril est connue pour sa longue plage qui attire des milliers de touristes chaque année. **Long Bay** ★★★ est en effet devenue l'emblème de cette petite station, un atout qui lui permet de concurrencer Montego Bay, située à environ 80 km.

Les environs de Negril permettent aux visiteurs d'échapper à la zone touristique et de découvrir une Jamaïque plus authentique : **Lucea** ★, avec ses bâtiments d'architecture georgienne et son joli marché; **Blenheim**, ce minuscule village qui a vu naître le leader jamaïquain Sir Alexander Bustamante; la source de **Roaring River** ★★ et sa végétation luxuriante; **Whitehouse** ★, un petit village de pêcheurs qui fourmille d'activité; ou encore **Bluefields** ★★, où s'étend l'une des magnifiques plages que compte la côte sud de la Jamaïque.

Kingston ★★

Fondée en 1692 pour accueillir les habitants de Port Royal, chassés de leur ville par un tremblement de terre, la capitale de la Jamaïque est aussi le cœur économique et culturel du pays. Touristiquement, elle jouit d'une mauvaise réputation, et pourtant c'est l'une des villes qui permet de prendre le pouls de l'île, celle qui donne peut-être l'image la plus authentique de la Jamaïque,

1. La source de Roaring River à Negril.
2. Bob Marley Museum.

loin des plages de sable blanc et des cocotiers. Promenez-vous sur le front de mer, explorez le vieux Kingston, puis visitez la **National Gallery of Jamaica** *** *(12 Ocean Blvd., 876-922-1561, http://natgalja.org.jm)* et l'incontournable **Bob Marley Museum** *** *(56 Hope Rd., 876-927-9152, www.bobmarleymuseum.com)*, voisin du quartier animé de **New Kingston** **.

Kingston peut aussi être le point de départ d'excursions vers **Spanish Town** ** et **Port Royal** ***, deux villes dont l'architecture témoigne de la période coloniale. Ainsi Spanish Town, l'ancienne capitale de la Jamaïque de 1534 à 1872, devenue aujourd'hui le troisième centre urbain de l'île, a conservé quelques beaux exemples d'architecture georgienne.

Blue Mountains ***

Résolument hors des sentiers battus, les Blue Mountains attirent de plus en plus d'amateurs de plein air venus admirer les paysages à couper le souffle: marche dans la forêt tropicale, baignade dans les bassins naturels alimentés par de superbes cascades ou encore visite des plantations de café qui s'étendent à perte de vue... Les randonnées organisées sur place, à pied ou à vélo, vous feront découvrir l'incroyable biodiversité de la flore jamaïquaine.

Port Antonio ***

Port Antonio mérite sans aucun doute le titre incontesté du plus beau port de la Jamaïque. Ce havre caribéen jumelle en fait deux ports, respectivement à l'est et à l'ouest d'une péninsule centrale, au pied des verdoyantes Blue Mountains.

Le *jerk* est le plat national jamaïquain.

Délaissé au profit de Montego Bay et d'Ocho Rios, Port Antonio offre pourtant nombre d'excursions dans la nature sauvage de l'île. Les aventuriers descendront le **Rio Grande** ★★ en radeau de bambou, tandis que les amateurs de far-niente profiteront du superbe **Blue Lagoon** ★★★.

Achats

Le café Blue Mountain, le rhum jamaïquain, la liqueur de café Tia Maria, le piment de la Jamaïque ou encore un CD de reggae sont des bons souvenirs à rapporter de Jamaïque. On les trouve dans les épiceries ou les boutiques de cadeaux de l'île. Quant à l'artisanat local (vannerie, sculptures de bois, poteries...), **Fort Street** et **Market Street** à Montego Bay sont les meilleurs endroits pour en trouver. Un peu à l'extérieur d'Ocho Rios, on apprécie le **Harmony Hall,** plus axé sur l'art jamaïquain et moins achalandé que le **Crafts Market** de Main Street, à Ocho Rios.

Cafés et restos

Ocho Rios Village Jerk Centre

angle DaCosta Dr. et Roundabout, Ocho Rios, 876-974-2549

Ouvert dès 10h et jusque tard dans la soirée, ce centre du *jerk* (plat national jamaïquain) est très populaire auprès des habitants d'Ocho Rios.

Almond Tree

Hibiscus Lodge Hotel, 83 Main St., Ocho Rios, 876-974-2813

L'ambiance est à la détente dans ce magnifique restaurant d'où l'on peut

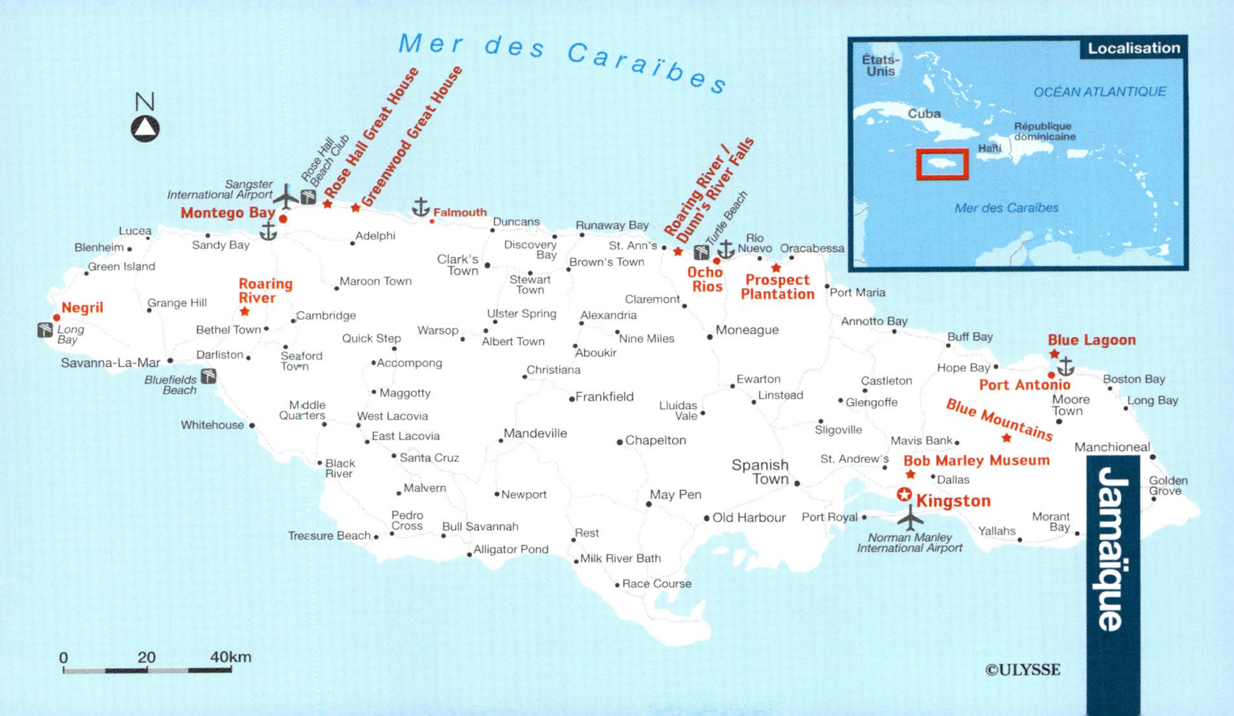

Jamaïque
Localisation
États-Unis
Cuba
OCÉAN ATLANTIQUE
République dominicaine
Haïti
Mer des Caraïbes
Mer des Caraïbes
N
Montego Bay
Sangster International Airport
Rose Hall Beach Club
Rose Hall Great House
Greenwood Great House
Falmouth
Roaring River / Dunn's River Falls
Turtle Beach
Ocho Rios
Río Nuevo
Oracabessa
Prospect Plantation
Port Maria
Annotto Bay
Buff Bay
Blue Lagoon
Port Antonio
Boston Bay
Long Bay
Moore Town
Hope Bay
Castleton
Glengoffe
Sligoville
Blue Mountains
Mavis Bank
Manchioneal
Golden Grove
Bob Marley Museum
St. Andrew's
Dallas
Kingston
Port Royal
Norman Manley International Airport
Yallahs
Morant Bay
Spanish Town
Old Harbour
Linstead
Ewarton
Lluidas Vale
Moneague
Claremont
Nine Miles
Alexandria
Aboukir
Frankfield
Chapelton
May Pen
Rest
Milk River Bath
Race Course
Runaway Bay
St. Ann's
Brown's Town
Discovery Bay
Duncans
Clark's Town
Stewart Town
Ulster Spring
Albert Town
Christiana
Mandeville
Newport
Alligator Pond
Bull Savannah
Pedro Cross
Treasure Beach
Malvern
Santa Cruz
East Lacovia
West Lacovia
Maggotty
Accompong
Warsop
Quick Step
Maroon Town
Adelphi
Cambridge
Seaford Town
Middle Quarters
Black River
Whitehouse
Roaring River
Bethel Town
Darliston
Bluefields Beach
Savanna-La-Mar
Grange Hill
Sandy Bay
Lucea
Blenheim
Green Island
Negril
Long Bay
0
20
40km
©ULYSSE

L'immense piscine de l'hôtel Iberostar Rose Hall Beach.

observer le clair de lune sur la mer tout en dînant à la belle étoile. Côté cuisine, poissons frais et viandes de qualité, cuits à la perfection, sont les spécialités du chef.

Evita's Italian Restaurant

Eden Bower Rd., Ocho Rios, 876-974-2333

Les pâtes fraîches servies chez Evita en ont fait la meilleure adresse d'Ocho Rios pour la cuisine italienne. Ce restaurant du centre-ville est donc souvent plein à craquer, car très couru.

The Pelican Grill

Gloucester Ave., Montego Bay, 876-952-3171

Face à l'océan se dresse The Pelican Grill, qui présente un menu varié comprenant un choix intéressant de plats de poisson.

Logement

Bien que d'autres types d'hébergement soient disponibles, les hôtels qui offrent la formule tout-inclus constituent la norme en Jamaïque et se trouvent un peu partout sur l'île: à Montego Bay (**Iberostar Rose Hall Beach**, **Round Hill Hotel and Villas**, **Sunset Beach Resort**), Negril (**Couples Negril**, **Grand Pineapple Beach Resort Negril**, **Hedonism II**), Ocho Rios (**Beaches Ocho Rios Resort and Golf Club**, **Couples Sans Souci Resort and Spa**, **Sandals Royal Plantation Ocho Rios**). La capitale, Kingston, est plutôt tournée vers l'hébergement hôtelier traditionnel (**The Courtleigh Hotel & Suites**, **Spanish Court Hotel**) ou les auberges (**Neita's Nest**).

18

Martinique

Appelée «Île aux fleurs» (*Madinina*) à l'époque des Indiens caraïbes, ou «île aux femmes» selon la légende, la Martinique a été couronnée des plus beaux titres. Cette île baignée de lumière, bercée de musique, bordée de plages sublimes et couverte d'une forêt luxuriante, est source d'inspiration pour quiconque se donne la peine d'en faire la connaissance.

Au sud de la Dominique, la Martinique forme l'un des plus petits territoires français. Son relief est constitué d'un massif montagneux au nord, dominé par les pitons du Carbet et la montagne Pelée. Cette dernière est un volcan toujours en activité, qui figure parmi les plus surveillés au monde depuis son éruption cataclysmique de 1902 qui a détruit entièrement la ville de Saint-Pierre et coûté la vie à ses 30 000 habitants.

À voir, à faire

(voir carte p. 145)

Fort-de-France ⋆

C'est en arrivant par la mer qu'on apprécie le mieux la vue d'ensemble de Fort-de-France. On découvre alors le spectacle saisissant d'une petite ville grouillante, cachée tout au fond de la magnifique baie des Flamands et encerclée de collines. La ville s'étend de part et d'autre d'un espace vert de 5 ha agrémenté d'allées fleuries et de grands palmiers royaux: la fameuse **place de la Savane** ⋆⋆⋆. On y voit, au nord, la **statue de l'impératrice Joséphine**, épouse de Napoléon, laquelle était originaire de la Martinique. Non loin de là, vous ne pourrez rester indiffé-

La bibliothèque Schœlcher.

rent au charme de la **bibliothèque Schœlcher** ★★★, symbole de la ville. Tout près, le **Musée Départemental d'Archéologie Précolombienne et de Préhistoire de la Martinique** ★ *(9 rue de la Liberté, 05.96.71.57.05)* se consacre surtout au passé autochtone de l'île.

Théâtre d'importants travaux effectués ces dernières années, le centre de Fort-de-France est aujourd'hui en pleine mutation: création d'une jolie promenade en bord de mer, surnommée le **Malecón**; réaménagement de la place de la Savane; installation en bordure de celle-ci, le long de la rue de la Liberté, de kiosques (restauration, souvenirs, excursions); construction de nouvelles infrastructures de transport collectif (un tramway sur pneus doit relier la ville à l'aéroport d'ici la fin de 2016); édification du centre d'affaires de la Pointe Simon, gracieusement dominée par l'audacieuse **tour Lumina**; mise en place de nouveaux équipements pour l'accueil des croisiéristes.

Les plages

C'est au sud qu'il faut aller pour se baigner! La **Pointe du Bout** ★★★ constitue le haut lieu du tourisme balnéaire martiniquais. Là, vous découvrirez la plus importante concentration d'établissements à vocation touristique de l'île, de même qu'une jolie marina et plusieurs anses artificielles. Voisine, la plage de l'**Anse Mitan** ★★ est plus familiale. Une foule d'établissements plus modestes y sont regroupés. De fréquentes navettes maritimes relient Fort-de-France à la Pointe du Bout en 20 min. Au-

Grande Anse des Salines.

delà se trouve la plage de l'**Anse à l'Âne** ★, un peu plus calme. Les splendides **Anse Noire** ★★ et **Anse Dufour**, séparées par un promontoire rocheux, présentent pour l'une du sable doré et pour l'autre du sable noir! D'autres jolies plages se révèlent au regard alors que l'on contourne la péninsule sud-ouest de la Martinique, à commencer par celles des **Anses d'Arlet** ★★, où reposent de jolies barques colorées. Sur la côte sud, **Le Diamant** ★★, nommé ainsi d'après le gros rocher jeté sur les flots au large, offre une très belle plage ourlée de raisiniers. Plus à l'est, les plages des environs de **Sainte-Luce** ★★ et celle de **Sainte-Anne** ★★★ sont magnifiques! Sable blanc, cocotiers, mer calme, limpide et peu profonde et proximité de gentils villages les rendent très appréciées des visiteurs. Plus au sud, la **Grande Anse des Salines** ★★★, «plus belle plage des Caraïbes», étale son sable blanc et fin et ses eaux turquoise et tièdes au pied d'une rangée de cocotiers qui penchent vers la mer: une carte postale parfaite qui s'étend sur 1 km...

Saint-Pierre ★★

La presque totalité de la population de Saint-Pierre (30 000 habitants), jusque-là capitale économique de l'île, surnommée le «Petit Paris des Antilles», périt lors de l'éruption du volcan de la montagne Pelée, le 8 mai 1902. À côté des **ruines du théâtre** ★★★, construit sur le modèle de celui de Bordeaux, on découvre quelques vestiges, dont le fameux **cachot de Cyparis** ★, du nom de celui que la légende a retenu comme seul survivant de cette scène d'apocalypse. Le **Musée Volcanologique**

Paul Gauguin et la Martinique

Né à Paris en 1848, le peintre chef de file postimpressionniste Paul Gauguin a voyagé toute sa vie... et c'est d'ailleurs aussi loin qu'aux îles Marquises qu'il s'est éteint en 1903.

En 1887, il quitte l'Europe à destination du Panamá avec son ami peintre Charles Laval. Les choses tournent mal et ils doivent bientôt travailler à la construction du canal de Panamá pour assurer péniblement leur subsistance. Victimes de dysenterie et de fièvre, ils s'enfuient littéralement et aboutissent à Saint-Pierre. Ils s'installent alors dans une modeste case de l'Anse Turin de juin à novembre 1887.

Certains historiens de l'art prétendent que ce bref séjour en Martinique se révéla déterminant dans la carrière du peintre. C'est là qu'il réalisa ses premières fresques tropicales, avant même son importante période de Tahiti. Les œuvres connues de la «période martiniquaise» de Gauguin (une douzaine) sont aujourd'hui éparpillées dans des musées ou des collections privées aux quatre coins du monde.

L'Association martiniquaise Paul Gauguin travaille à la modernisation du musée (actuellement fermé) qui lui est consacré à l'Anse Turin, et à sa réouverture sous le nom de **Centre d'Interprétation Paul Gauguin** *(http://cip-paulgauguin-martinique.tumblr.com)*.

Franck Perret ★★ *(rue Victor-Hugo, 05.96.78.15.16)* présente des images anciennes de la ville, avant la catastrophe, et des objets déformés par la chaleur de la nuée ardente. Aujourd'hui, Saint-Pierre ne compte guère plus de 5 000 habitants. À la sortie nord de Saint-Pierre, le **Centre de Découverte des Sciences de la Terre** ★★ *(http://cdst.e-monsite.com)* se penche sur le volcanisme de la Martinique et de l'ensemble de l'arc antillais (film, exposition).

Distilleries et jardins

De nombreuses distilleries de rhum sont ouvertes au public en Martinique, île sucrière par excellence. Près de Saint-Pierre, on peut ainsi visiter la fabrique **Depaz** ★ *(05.96.78.13.14, www.depaz.fr)*, fondée au XVIIe siècle, et son «château»

La distillerie Trois-Rivières.

(demeure du planteur) reconstruit en 1922, quelque 20 ans après l'éruption de la montagne Pelée. Au Carbet, non loin de Saint-Pierre, l'**Habitation Latouche** ★★, une sucrerie détruite au même moment, n'a pas été relevée de ses cendres : on se promène au sein des ruines, transformées en jardins de cactées, et le **Zoo de Martinique** *(05.96.52.76.08, www.zoodemartinique.com)* y a été récemment aménagé.

D'autres sucreries se regroupent à l'est de l'île, dont le **Domaine de Fonds Saint-Jacques** ★★, jadis un monastère célèbre pour être à l'origine d'un nouveau procédé de distillation du rhum, dit « méthode du père Labat ». La **distillerie Saint-James** ★★, à Sainte-Marie, a ouvert un intéressant **Musée du rhum** ★ *(www.rhum-saintjames.com)*. Quant à l'**Habitation Clément** ★★★ *(Le François, 05.96.54.75.51, www.habitation-clement.fr)*, elle conserve sa maison de maître du XVIIIe siècle, meublée comme à l'époque. Plusieurs autres distilleries se trouvent à travers l'île. Au sud, les distilleries **La Mauny** *(Rivière-Pilote, 05.96.62.62.08, www.lamauny.com)* et **Trois-Rivières** ★ *(Sainte-Luce, 05.96.62.51.78, www.plantationtroisrivieres.com)* comptent parmi les plus productives.

Au sud encore, le **Musée de la Pagerie** ★ *(05.96.68.38.34)*, aux Trois-Îlets, entretient la mémoire de Joséphine de Tascher de la Pagerie, future épouse de Napoléon et impératrice Joséphine : ruines de l'habitation où elle passa son enfance, exposition d'objets personnels incluant des lettres de Napoléon.

Le jardin de Balata.

La route de la Trace

Quiconque prétend connaître la Martinique se doit d'avoir emprunté la célèbre route de la Trace à travers la végétation spectaculaire et démesurée de la forêt tropicale humide martiniquaise. Au départ de Fort-de-France, elle se contorsionne d'abord en direction du joli **jardin de Balata** ★★★ *(05.96.64.48.73, www.jardindebalata.fr)*, parmi les plus emblématiques de la végétation tropicale de l'île. En chemin, vous verrez l'**église de Balata** ★, une copie réduite de la basilique du Sacré-Cœur parisienne... Puis, la route traverse la forêt jusqu'à **Morne-Rouge**, base idéale pour l'exploration de la montagne Pelée, à laquelle un sentier de randonnée pédestre donne accès.

La côte orientale

Plus sauvage et moins peuplée, la région est réputée pour les hauts-fonds de la baie du François, baptisés **Fonds Blancs** ★★★ pour leurs merveilleux bancs de sable neigeux abandonnés aux eaux turquoise. Le *nec plus ultra* : la « **Baignoire de Joséphine** », une sorte de bassin naturel très peu profond. Des excursions y mènent, permettant aussi de découvrir la mangrove qui borde la baie.

Achats

Parmi les objets à rapporter de la Martinique, il y a bien sûr les rhums, qui bénéficient d'une appellation contrôlée. On peut se les procurer dans les différentes distilleries, mais aussi dans de nombreux autres commerces un peu partout. Les chapeaux, corbeilles et paniers confectionnés dans l'atelier de vannerie **La Paille Caraïbe**, une coopé-

Martinique
Canal de la Dominique
OCÉAN ATLANTIQUE
Mer des Caraïbes
Canal de Sainte-Lucie
Grand'Rivière
Macouba
Basse-Pointe
L'Ajoupa-Bouillon
Le Prêcheur
Le Lorrain
Le Marigot
Montagne Pelée (1397m)
Le Morne Rouge
Fonds Saint-Jacques
Morne Jacob (894m)
Sainte-Marie
Saint-Pierre
Anse Azérot
Réserve naturelle de la Caravelle
Anse l'Étang
Fonds-Saint-Denis
Morne des Esses
Tartane
Le Carbet
Le Morne-Vert
La Trinité
Presqu'île de la Caravelle
Pitons du Carbet
route de la Trace
Gros-Morne
Bellefontaine
Jardin de Balata
Saint-Joseph
Case-Pilote
Le Robert
Schœlcher
Fort-de-France
Le Lamentin
Aéroport international Martinique Aimé Césaire
Le François
Pointe du Bout
Fonds Blancs
Ducos
Anse Mitan
Anse à l'Âne
Les Trois-Îlets
Le Saint-Esprit
Anse Dufour
La Pagerie
Rivière-Salée
Montagne du Vauclin (504m)
Le Vauclin
Morne Bigot (460m)
Grande Anse
Les Anses d'Arlet
Morne Larcher (477m)
Le Diamant
Forêt de Montravail
Grande Anse du Diamant
Trois-Rivières
Sainte-Luce
Rivière-Pilote
Rocher du Diamant
Anse Corps de Garde
Gros Raisins
Le Marin
©ULYSSE
Sainte-Anne
Grande Anse des Salines
Savane des Pétrifications
Anse Trabaud
0
5
10km
Localisation
États-Unis
OCÉAN ATLANTIQUE
Cuba
République dominicaine
Haïti
Jamaïque
Mer des Caraïbes

rative artisanale située à Morne des Esses, constituent aussi des objets réputés. À considérer également, les poteries d'inspiration arawak ou caraïbe réalisées au **Village de la poterie**, près du bourg des Trois-Îlets, et les articles fabriqués avec du tissu de madras (coiffes, robes, tabliers, centres de table), que l'on retrouve dans de nombreuses boutiques, notamment celle du petit village d'artisans de la **distillerie Trois-Rivières**.

Cafés et restos

La Cave à Vins

118 rue Victor Hugo, Fort-de-France, 05.96.70.33.02

On peut se procurer ici de bonnes bouteilles, mais aussi savourer une cuisine délicieuse et raffinée dans une agréable et intime salle à manger. Crème tiède d'oursin aux cives, poêlée de Saint-Jacques au pistou, plats de canard et de poisson, tarte Tatin, croustillant à la framboise. Belle carte des vins, comme il se doit dans un établissement ainsi nommé. Réservations recommandées.

The Yellow

51 rue Victor-Hugo, Fort-de-France, 05.96.75.03.59

Resto au décor ensoleillé le jour, dont l'ambiance devient plus intime en soirée grâce à un éclairage tamisé. Menu restreint mais créatif, qui change chaque semaine, et qui combine cuisine antillaise (poissons accompagnés de purée de bananes plantains, ravioles d'oursin) et française (foie gras, rognons, carré de porc au miel). Bon choix de cocktails.

Touloulou

Pointe Marin, Sainte-Anne, 05.96.76.73.27

Les abords de la plage de Sainte-Anne fourmillent de petits restaurants tous plus sympathiques les uns que les autres. Parmi ceux-ci, le Touloulou propose des plats simples mais délicieux, et sa grande spécialité est la langouste.

Case Coco

58 rue Schœlcher, Sainte-Luce, 05.96.62.32.26

Ce petit resto sympathique est aménagé dans une jolie case colorée. On y sert des spécialités créoles telles que les accras de morue, le poisson au lait de coco et la glace «bibiche», ainsi que des classiques de la cuisine française comme la bavette à l'échalote.

La Pause

Village Créole, Pointe du Bout, 05.96.52.41.17

L'invitante terrasse garnie de parasols de La Pause attire beaucoup de monde: un bon signe. Délicieuses brochettes, savoureuses salades, tapas, grillades. Bon choix de cocktails, dont un étonnant *piña colada* servi dans un ananas.

La Vague

rue Gabriel-Péri, Saint-Pierre, 05.96.78.19.54

Sur la place Bertin, là où se tient le marché, La Vague permet de man-

1. Le restaurant Case Coco.
2. Le restaurant La Cave à Vins.

ger à petit prix. Au menu, fruits de mer et spécialités antillaises et françaises, le tout servi sans façon, à la bonne franquette.

Logement

À part le célèbre **Club Med Les Boucaniers** de la Pointe Marin, près de Sainte-Anne, il n'y a pratiquement pas d'hôtels de type tout-inclus en Martinique. L'hôtellerie traditionnelle n'est en fait présente qu'en certains points de l'île, comme à la Pointe du Bout près du village des Trois-Îlets (**Bakoua**, **Carayou**, **La Pagerie**) et à Sainte-Luce (**Pierre et Vacances**). Fort-de-France et ses environs comptent quelques hôtels qui s'adressent d'abord aux gens d'affaires (**La Batelière**, **Karibea Squash**, **Valmenière**).

La location d'appartements et de maisons est par contre très répandue un peu partout dans l'île, notamment à Sainte-Anne et Sainte-Luce, où l'offre s'avère particulièrement abondante. La formule des **gîtes ruraux et chambres d'hôtes** *(05.96.73.74.74, www.gitesdefrance-martinique.com)* est également présente dans pratiquement toutes les régions. Finalement, pour ceux qui souhaitent s'offrir une petite folie, quelques hôtels de charme assez exceptionnels sont à signaler sur la côte Atlantique, principalement dans les environs du François (**Cap Est Lagoon Resort & Spa**, **Frégate Bleue**, **Habitation de l'Îlet Thierry**, **Plein Soleil**).

19

Montserrat

Montserrat renaît littéralement de ses cendres après que l'éruption du volcan de la Soufrière eut détruit la moitié sud de l'île en 1995, puis la capitale, Plymouth, entièrement rasée en 1997. Encore aujourd'hui, les éruptions continuent de façon moins récurrente et toute la moitié sud de l'île est interdite d'accès et ne peut être visitée (on l'appelle d'ailleurs l'Exclusion Zone), hormis lors d'escapades de jours, en compagnie de guides certifiés. Mais cette île située au sud-ouest d'Antigua a gardé intact l'esprit hospitalier de ses habitants issus d'immigrants irlandais pour la plupart. Entre paysages luxuriants et scènes de dévastation, Montserrat offre une diversité de panoramas qui vaut le détour. Une belle destination pour les férus de farniente, les adeptes des fonds marins et, bien sûr, les amateurs de volcans!

À voir, à faire

(voir carte p. 150)

Il n'y a pas de ligne aérienne directe pour Montserrat, mais des liaisons quotidiennes par bateau ou par avion relient l'île à Antigua. Toutefois, les horaires sont sujets à changement; il est donc préférable de les consulter régulièrement.

Little Bay ★★

Lors de la destruction de la capitale, Plymouth, en 1997, le centre administratif et économique de Montserrat s'est déplacé à Brades en attendant que de nouvelles infrastructures, notamment portuaires, soient construites à Little Bay. Cette ville est le lieu de prédilection pour prendre un cocktail en terrasse, rencontrer les habitants et partager avec eux une soirée festive dans un bar au bord de l'eau.

Le volcan de la Soufrière.

Saint-George's Hill/ Garibaldi Hill ★★

Les meilleurs points de vue sur la zone dévastée par le volcan se trouvent au-delà de la Belham Valley, sur la Saint-George's Hill ou la Garibaldi Hill. L'accès en est difficile et il est conseillé de recourir aux services d'un guide local. Attention: en raison de la proximité de la Soufrière, encore en activité, il se peut que l'un ou l'autre de ces points de vue fassent momentanément partie d'un secteur restreint ou interdit.

Montserrat Volcano Observatory ★★★

Situé dans le village de **Flemmings**, l'observatoire du volcan *(www.mvo.ms)* se concentre sur l'activité de la Soufrière et accueille un centre d'interprétation. On peut y voir de nombreux documents et vestiges, ainsi qu'un film documentaire saisissant sur l'éruption du volcan.

Les plages

Sur la côte ouest, **Rendezvous Bay** ★★★ est une plage de sable blanc, isolée et au calme. On y accède par la mer ou par le sentier forestier qui la relie à Little Bay. C'est l'endroit parfait pour observer la vie marine qui se déploie dans les récifs préservés. Plus au sud, **Woodlands Bay** ★★★ est tout indiquée pour les adeptes du surf, notamment les surfeurs expérimentés qui apprécient la difficulté du spot. L'aire de pique-nique aménagée sur la falaise est un endroit privilégié pour observer, selon la saison, les baleines ou

Montserrat
Localisation
États-Unis
Cuba
OCÉAN ATLANTIQUE
République dominicaine
Haïti
Jamaïque
Mer des Caraïbes
N
Silver Hill (403m)
Rendezvous Bay
Marguerite Bay
Mer des Caraïbes
Little Bay
Carr's Bay
John A. Osborne Airport
Brades
St. John's
Trant's Bay
St. Peter's
Woodlands
Woodlands Bay
Katy Hill (741m)
Runaway Ghaut
Montserrat Volcano Observatory
Salem
Old Town
St. George's Hill
Belham Valley
Garibaldi Hill
Fox's Bay
Volcan de la Soufrière (1050m)
Richmond Hill
ZONE INTERDITE (Exclusion Zone)
Plymouth (ville détruite)
Sugar Bay
0
2
4km
©ULYSSE

les tortues. Un peu plus au sud de Woodlands Bay se trouve la source de **Runaway Ghaut** ★. Il est dit que celui qui boit l'eau de cette source est assuré de revenir à Montserrat!

Achats

De Montserrat, on rapporte bien sûr des souvenirs rappelant le volcan, que ce soit sous forme de photos, de petites bouteilles de cendres ou autres. On en trouve dans les petites boutiques des différentes localités, notamment à l'**Oriole Gift Shop** du Montserrat National Trust, à Little Bay.

Cafés et restos

Soca Cabana

Little Bay, 664-493-1820

La Soca Cabana est le lieu de rendez-vous de Montserrat pour faire la fête! Toujours bien accueillis, les visiteurs trouveront de quoi boire, manger, danser et chanter dans ce petit bar de plage on ne peut plus sympathique.

Ziggy's

Mahogany Lane, Woodlands, 664-491-8282

Une ambiance feutrée pour un dîner sous les étoiles, un service de première classe ainsi qu'un menu toujours différent vous attendent chez Ziggy's. Sur réservation seulement!

Tina's

Brades, 664-491-3538

Un menu aux saveurs caribéennes dont les plats se dégustent sur place

Olveston House.

ou s'emportent. Un restaurant très apprécié de la population locale, surtout à l'heure du lunch!

Logement

Les possibilités d'hébergement sur Montserrat ne sont pas nombreuses et se limitent à quelques hôtels (**Tropical Mansion Suites**) et plusieurs auberges ou gîtes (**Gingerbread Hill**, **Olveston House**, **Erindell Villa Guesthouse**). La location de villas privées est en plein développement et des agences comme **Montserrat Villas** *(www.montserratvillas.com)* ou **Tradewinds Real Estate** *(www.tradewindsmontserrat.com)* répertorient les propriétés à louer.

20

Puerto Rico

Espagnole par le peuplement colonial, africaine par le commerce des esclaves et américaine par l'histoire récente de l'île, la culture portoricaine plonge ses racines dans un riche métissage. Voilà peut-être pourquoi *¡Puerto Rico lo hace mejor!* est le slogan touristique de l'île: « Ici, on le fait mieux qu'ailleurs! »

San Juan, en particulier, comble toutes les attentes des vacanciers: les mordus d'histoire arpenteront les vieilles rues colorées de la capitale, les amateurs de farniente étendront leurs serviettes sur le sable chaud des plages, et tous auront accès à une infrastructure hôtelière moderne, pour profiter au mieux de cette île située à l'est de la République dominicaine. Dans les terres, forêts tropicales humides, plantations de café et anciennes villes coloniales ajoutent encore à la diversité.

À voir, à faire

(voir carte p. 157)

San Juan ★★★

Îlot allongé relié à la grande île par des ponts, le vieux San Juan, classé au patrimoine mondial de l'UNESCO, est une petite vitrine du Puerto Rico espagnol. Les anciens bâtiments coloniaux, qui déclinent toute une palette de couleurs pastel, y ont été conservés et superbement restaurés, et le visiteur aura l'impression de feuilleter un livre d'histoire à ciel ouvert. Il pourra compléter la découverte de ce quartier historique par la visite de quelques musées.

La Plaza de la Dársena est habituellement le point de départ des visites de la capitale. Cette place offre une très belle vue sur la **baie de San Juan**. Juste à sa gauche débute le **Paseo de la Princesa** ★, une agréable promenade très animée longeant les remparts de la vieille

Fuerte San Felipe del Morro.

ville (**La Muralla** ★★), édifiés aux XVIe et XVIIe siècles. Là se dresse **La Fortaleza** ★★, la résidence du gouverneur de l'île, une demeure fortifiée construite en 1540.

La promenade se prolonge sur le **Paseo del Morro** jusqu'à la vieille **Puerta de San Juan** ★★, porte d'accès au cœur historique. La **Catedral de San Juan** ★★ se dresse juste au-dessus; elle abrite le tombeau du premier gouverneur de l'île, Ponce de León. À côté, un ancien couvent carmélite restauré accueille aujourd'hui l'un des plus ravissants hôtels de la capitale, **El Convento** ★★. La **Plaza de Armas** ★ est à deux pas, avec l'hôtel de ville, son kiosque nostalgique et ses hordes de pigeons.

Si vous êtes un mordu d'ouvrages défensifs, remontez le Paseo del Morro jusqu'au puissant **Fuerte San Felipe del Morro** ★★★ – familièrement appelé El Morro. Constamment renforcées entre 1540 et 1783, ces fortifications militaires, qui s'élèvent sur la pointe de l'îlot de San Juan, sont inscrites sur la Liste du patrimoine mondial de l'UNESCO et gérées par le Service des parcs nationaux américains. Plus à l'est, le **Fuerte San Cristóbal** ★★, édifié quelques années plus tard, complète les ouvrages défensifs du côté nord.

Plusieurs musées invitent à se pencher sur le patrimoine portoricain. C'est le cas de la **Casa Blanca** ★★, dédié au conquistador Ponce de León et aux Indiens Taïnos. C'est le cas, également, du proche **Museo de las Américas** ★★ et du **Museo Pablo Casals** ★ (Plaza San José), consacré au célèbre violoncelliste qui vécut de nombreuses années à

1. L'Iglesia San José, San Juan.
2. L'étonnante caserne de pompiers bariolée de rouge et noir de Ponce.

San Juan. Ce dernier musée avoisine la vénérable **Iglesia San José** ★★ (1532), de style gothique. Quant au **Museo de Arte de Puerto Rico** ★ *(Avenida De Diego 299, www.mapr.org)*, il complètera votre découverte de l'histoire de l'art portoricain.

N'oublions pas le magasinage. Les boutiques de San Juan font presque concurrence à celles des îles Vierges américaines. Articles de marques internationales et produits artisanaux s'offrent aux visiteurs dans la **Calle del Cristo** et la **Calle San Francisco**. Remarquez les fameux ***santos***, ces personnages religieux sculptés dans le bois, typiques de Puerto Rico.

Près de l'aéroport, Isla Verde est la principale zone balnéaire de la côte nord, autour de l'immense **Playa del Condado** ★. Très développée, elle est bordée de gratte-ciel sur tout son long. **Ocean Park Beach** ★★, une longue étendue de sable blanc, est l'une des plages les plus tranquilles de toute la région métropolitaine.

Ailleurs dans l'île

La **El Yunque National Forest** ★★★ est sans aucun doute le site naturel le plus visité de Puerto Rico. Si vous souhaitez plonger au cœur de la jungle portoricaine et arpenter des sentiers ombragés ceinturés de lianes et bordés de cascades, c'est à El Yunque qu'il faut vous rendre. Fierté des Portoricains, cette forêt tropicale humide a été déclarée réserve de la biosphère par l'UNESCO.

Le deuxième attrait naturel le plus populaire de l'île est le **Río Camuy Cave Park** ★★★ *(787-898-3100 ou 787-763-0568)*, situé dans le nord-ouest de Puerto Rico. Ce réseau de

El Yunque National Forest.

grottes spectaculaires est le paradis des spéléologues. Deux d'entre elles sont ouvertes au public et permettent une exploration de la végétation tropicale et des formations rocheuses souterraines. Réservations obligatoires.

Si une escapade plutôt culturelle vous tente, nous vous suggérons de visiter **Ponce** ★★, la «perle du Sud». Située légèrement en retrait de la côte, la ville offre un centre élégant couronné de bâtiments coloniaux remarquablement préservés, remontant pour les plus vieux à la fin du XVIIe siècle. Tout contre la cathédrale et sa fontaine aux lions se dresse une étonnante caserne de pompiers bariolée de rouge et noir! À proximité, le **Centro Ceremonial Indígena de Tibes** ★★ *(787-840-5685 ou 787-840-2255)* se consacre à l'histoire des premiers habitants de l'île, les Taïnos.

Quant aux escapades sur le thème du farniente, vous aurez l'embarras du choix: les plages de sable ne manquent pas à Puerto Rico. Outre Isla Verde et Ocean Park Beach, citons la très familiale **Luquillo** ★ (nord-est), bordée de cocotiers et protégée par un récif de corail qui la rend propice à la baignade. **Caña Gorda** et **Playa Santa**, à Guánica, sont sans doute les plus agréables plages publiques de la côte sud (entre Ponce et Mayagüez). De nombreux insulaires y ont leurs villas de vacances. Mentionnons enfin, à l'extrémité sud-ouest de l'île, la très belle baie de **Boquerón** ★★, au sable clair, bordée de cocotiers. La région se prête bien à la pratique de la plongée-tuba, tandis que les amateurs de farniente profiteront du superbe **Blue Lagoon** ★★★.

Masques de carnaval *vejigantes*.

Puerto Rico

Les Galápagos des Caraïbes

Mona? *Monito*? Ces noms ne vous disent peut-être rien et c'est normal. Ces deux petites îles sont coincées entre Puerto Rico et la République dominicaine. On les surnomme les «Galápagos des Caraïbes» en raison de la diversité biologique qui les caractérise, étonnante pour d'aussi petites îles. Elles font aujourd'hui partie intégrante d'une réserve naturelle.

Achats

De Puerto Rico, on peut ramener des *santos* (voir p. 154), des *pavas* (chapeaux de paille), du rhum et des cigares, ou dénicher les flamboyants *vejigantes*, les masques de carnaval. Dans le vieux San Juan, dans la **Calle Fortaleza** et la **Calle del Cristo**, on trouve de nombreuses échoppes, avec des articles allant des bijoux au prêt-à-porter en passant par l'artisanat local. Pour la mode et les produits de luxe, on se dirige vers le quartier de **Condado**, plus précisément sur l'**Avenida Ashford**.

Cafés et restos

Café Berlin

407 San Francisco, San Juan, 787-722-5205

Le Café Berlin est l'un des établissements végétariens les plus

Puerto Rico
OCÉAN ATLANTIQUE
Mer des Caraïbes
Localisation
États-Unis
Cuba
Haïti
Jamaïque
République dominicaine
OCÉAN ATLANTIQUE
Mer des Caraïbes
San Juan
El Yunque National Forest
Río Camuy Cave Park
Centro Ceremonial Indígena de Tibes
Ponce
Ocean Park
Isla Verde
Aeropuerto Internacional Luis Muñoz Marin
Aeropuerto Internacional Rafael Hernández
Loíza
Luquillo
Fajardo
Río Grande
Canóvanas
Ceiba
Cataño
Dorado
Toa Baja
Bayamón
Vega Baja
Vega Alta
Toa Alta
Trujillo Alto
Guaynabo
Barceloneta
Hatillo
Camuy
Arecibo
Manatí
Isabela
Quebradillas
Aguadilla
Moca
Aguada
Rincón
San Sebastián
Lares
Utuado
Florida
Ciales
Morovis
Corozal
Naranjito
Aguas Buenas
Caguas
Gurabo
Juncos
Naguabo
Las Piedras
San Lorenzo
Humacao
Comerío
Orocovis
Barranquitas
Cidra
Jayuya
Añasco
Las Marías
Aibonito
Cayey
Yabucoa
Maunabo
Adjuntas
Villalba
Coamo
Maricao
Mayagüez
Patillas
Guayama
Arroyo
Juana Díaz
Hormigueros
Peñuelas
Salinas
San Germán
Cabo Rojo
Yauco
Guayanilla
Santa Isabel
Lajas
Guánica
Boquerón
Caña Gorda
N
0
10
20km

©ULYSSE

The Parrot Club.

populaires à San Juan, car les habitants aiment s'y rencontrer sur sa terrasse. Le menu du restaurant affiche entre autres des salades et des desserts.

Hacienda Don Jose

1025 Ashford, San Juan, 787-722-5880

L'Hacienda Don Jose est située tout près de la plage et sert de bons plats copieux, dont l'*asopao*, une soupe-repas à base de riz et de viande ou de poisson.

The Parrot Club

363 Fortaleza St., San Juan, 787-725-7370

Le Parrot Club propose une cuisine de type *Nuevo Latino*, délicieuse et novatrice, et ce, dans une ambiance chaleureuse et haute en couleur.

Logement

Des complexes hôteliers de luxe sont disséminés un peu partout sur l'île (**Horned Dorset Primavera**, **Villa Montaña Beach Resort**), mais plus particulièrement sur la côte nord (**El Conquistador Resort**, **Dorado Beach – A Ritz-Carlton Reserve**). À San Juan se côtoient toutes sortes d'hôtels, des grands complexes (**El San Juan Resort & Casino**, **La Concha – A Renaissance Resort**) aux plus petits établissements traditionnels (**The Gallery Inn, Numero Uno Guest House**).

21

République dominicaine

Les plages paradisiaques de la République dominicaine ont fait la réputation de cette destination caribéenne désormais incontournable. Les complexes hôteliers de luxe ont fleuri sur ses côtes, érigeant l'île en spécialiste du tourisme balnéaire du «tout compris» dans les Caraïbes. Boca Chica, La Romana, Punta Cana ou encore Puerto Plata attendent les visiteurs en mal de soleil et de farniente. Ceux qui souhaitent un peu plus de dépaysement se dirigent vers l'intérieur des terres et les routes sinueuses grimpant vers la Cordillera Central, aux villages pittoresques.

La République dominicaine partage avec Haïti l'île d'Hispaniola, deuxième île en importance des Caraïbes après Cuba. Occupant les deux tiers du territoire, elle présente un relief varié, montagneux en son centre, dominé par la Cordillera Central, tandis que la côte, ponctuée de plaines et de collines, abrite quelques-unes des plus belles plages des Caraïbes.

À voir, à faire

(voir carte p. 163)

Au programme? Des plages, des plages et encore des plages! Les amateurs de bronzette ne seront pas déçus: la fameuse **Côte des cocotiers** ★ s'étend sur une soixantaine de kilomètres dans le sud-est du pays et est bordée des plus belles plages et stations balnéaires de l'île. Plus à l'ouest, certains complexes hôteliers ont été construits au centre de zones auparavant inhabitées en bordure de mer; c'est le cas de Juan Dolio et de Casa de Campo,

Un pêcheur à Punta Cana.

à La Romana. D'autres ont plutôt été édifiés au centre de typiques villages dominicains, les modestes cases créoles en bois y côtoyant de superbes hôtels modernes tout confort, comme c'est le cas à Boca Chica et à Bayahibe.

Punta Cana **

C'est à Punta Cana que fut construit le tout premier hôtel de la région, au début des années 1980. Punta Cana compte aujourd'hui un aéroport international ainsi que de grands complexes hôteliers, tous flanqués de plages paradisiaques. Ces interminables bandes de sable blanc très fin sont bordées de cocotiers et se prêtent à merveille aux baignades paisibles et autres sports nautiques. Un peu au nord de Punta Cana s'étend **Cabeza de Toro** *, un village de pêcheurs réputé pour son tournoi annuel de pêche au gros.

Casa de Campo **

En périphérie de la ville de La Romana se trouve Casa de Campo, un gigantesque complexe hôtelier avec les attraits auxquels on peut s'attendre : terrains de golf et de tennis, marina, galeries marchandes, bars, restaurants... Les plages de l'**Isla Catalina**, une île située au sud de La Romana, attirent elles aussi leur lot de voyageurs en quête de soleil.

Partie intégrante du complexe hôtelier, le charmant village d'**Altos de Chavón** *** est en fait une reconstitution d'un village italien de la fin du XIVe siècle. Un incroyable souci du détail rend cette réplique fidèle, en plusieurs points, au village d'origine. On peut y visiter un musée d'art précolombien rassemblant quelques très belles pièces, déambuler dans ses rues bordées de galeries d'art ou faire un tour du côté de ses boutiques.

Bayahibe ***

Petit village de pêcheurs aux abords du **Parque Nacional del Este** **, Bayahibe est réputé pour la plongée, car on trouve à proximité un grand nombre de récifs coralliens. Les petits bungalows au bord de l'eau laissent progressivement la place aux complexes hôteliers, attirés par le potentiel touristique du site, mais Bayahibe échappe encore au tourisme de masse.

Altos de Chavón.

Isla Saona **

Assaillie par les touristes qui viennent y plonger pour observer ses coraux ou tout simplement bronzer sur ses plages de sable blanc, l'Isla Saona n'en reste pas moins une petite île idyllique que l'on ne manquera pas de visiter si l'on passe par Bayahibe. C'est de ce village, situé sur la côte, que partent de nombreuses excursions vers l'île, qui fait aujourd'hui partie d'un parc national.

Juan Dolio * et Boca Chica *

Parmi les autres paysages de carte postale de la Côte des cocotiers, citons Juan Dolio, situé à une quarantaine de kilomètres de Santo Domingo, et Boca Chica, une superbe station balnéaire qui s'ouvre sur un lagon limpide. Ici on marche dans la mer sur des dizaines de mètres en ne sentant que du sable blanc sous ses pieds. On trouve par ailleurs à Boca Chica des restaurants pour tous les budgets.

Santo Domingo **

À la fois la métropole et la capitale de la République dominicaine, Santo Domingo porte aujourd'hui le titre envieux de la plus ancienne ville fondée par les Européens au Nouveau Monde (1496). Aussi l'un des ports les plus fréquentés de l'île, Santo Domingo se prête bien à la promenade, particulièrement le long des rues pavées de la **Zona Colonial** ***, où sont concentrés des bâtiments parfois vieux de quelque 500 ans. Il ne faut pas manquer la magnifique **Catedral Santa María de la Encarnación** ***, première cathédrale construite en Amérique, et la **Calle Las Damas** **, une rue où se succèdent quelques-uns des plus beaux bâtiments de la vieille ville. La découverte de la vieille ville

La Cordillère centrale.

se termine par une promenade sur le **Malecón** ★★, qui longe le bord de mer sur plusieurs kilomètres.

Puerto Plata ★★ et Bahía Samaná ★★

De Puerto Plata à la péninsule de Samaná, le front de mer s'étire sur près de 150 km. Cette région, située dans le nord-ouest de la République dominicaine, est reconnue pour ses longues étendues de sable blanc et l'accueil chaleureux de ses habitants.

Après Puerto Plata, la plus populaire des stations dominicaines, **Sosúa** ★★, puis **Cabarete** ★★, réputée pour la pratique de la planche à voile, la mise en valeur des superbes plages de la côte Atlantique s'étend jusqu'à **Río San Juan** ★ et **Playa Grande** ★★. La **baie de Samaná** ★ est quant à elle toujours un des sites favoris des visiteurs pour l'observation des baleines chaque hiver dans la région.

La Cordillère centrale ★★★

Cette chaîne de montagnes qui domine l'ouest du pays est le paradis des randonneurs. Elle révèle une autre image de la République dominicaine, plus sauvage et beaucoup moins touristique. Donc, si vous avez envie de fuir les foules des plages de la plaine côtière et de retrouver des paysages superbes épargnés par le tourisme de masse, faites une petite randonnée dans la Cordillère centrale et entreprenez l'ascension du sommet le plus élevé des Antilles, le **Pico Duarte** ★★★ (3 098 m).

Non loin de la Cordillère centrale, dans le sud-ouest du pays, découvrez un autre attrait incontournable de la région, le **Lago Enriquillo** ★,

République dominicaine

l'un des plus grands lacs salés des Caraïbes, refuge des iguanes et des alligators.

Achats

Parmi les objets à rapporter, il y a des bijoux en larimar, une pierre semi-précieuse originaire de l'île, et en ambre, dont les gisements sont nombreux. Bien entendu, le rhum et le café sont des souvenirs incontournables que l'on peut se procurer un peu partout. Pour ce qui est des cigares, mieux vaut s'adresser à un magasin spécialisé pour s'assurer de leur authenticité. À Santo Domingo, la Zona Colonial concentre une grande partie des commerces intéressants. Là, on flâne de boutique en boutique dans la rue piétonne qu'est la **Calle El Conde** ou dans la rue située plus au nord, la **Calle Duarte**. Dans le même quartier, le marché couvert qu'est le **El Mercado Modelo** ravira ceux qui cherchent de l'artisanat local (vannerie, dentelles, poteries...).

Cafés et restos

La Casita de Papi

rue principale, Cabarete, 809-986-3750

La Casita de Papi est un petit restaurant d'aspect fort simple, mais tout à fait charmant. Ne comptant que quelques tables, un ventilateur de plafond et la plage pour toile de fond, elle parvient à créer une ambiance sympathique qui convient parfaitement aux repas de ceux qui s'offrent des vacances à la plage. La carte affiche bien sûr des spécialités de fruits de mer, comme la langouste et les crevettes.

Gran Ventana Beach Resort.

Húracan Café

Playa Bávaro, Punta Cana, 809-522-1046

De l'avis de nombreux visiteurs, le Húracan Café constitue l'une des meilleures adresses où manger dans la région. On y concocte une délicieuse cuisine internationale, principalement issue des traditions italiennes.

Mesón de la Cava

1 Av. Mirador del Sur, Santo Domingo, 809-533-2818

Certes l'une des adresses les plus connues à Santo Domingo, ce restaurant mérite une petite visite, ne serait-ce que pour admirer son aménagement intérieur unique! En effet, comme son nom l'indique, le Mesón de la Cava est installé dans

une grande caverne naturelle. L'effet est très réussi. Évidemment, les prix sont élevés et l'établissement est très fréquenté par les groupes de touristes, qui viennent y savourer des spécialités dominicaines et internationales.

Ristorante La Briciola

152-A Arzobispo Meriño, Santo Domingo, 809-688-5055

Sans doute un des plus beaux restaurants de la République dominicaine et l'une des meilleures tables de Santo Domingo, le Ristorante La Briciola est l'adresse tout indiquée pour les grandes occasions. On s'y rend pour déguster des spécialités italiennes apprêtées avec art que l'on savoure dans une élégante salle à manger ou, encore mieux, sous les étoiles, dans une magnifique cour intérieure ceinturée d'arcades de brique. La décoration de l'établissement est un véritable plaisir pour les yeux. Il est préférable de réserver sa table les soirs de fin de semaine.

Logement

Les hôtels avec formule tout-inclus constituent l'écrasante majorité des établissements d'hébergement à Punta Cana (**Club Med Punta Cana**, **Paradisus Punta Cana**, **Iberostar Grand Hotel Bávaro**) et à Puerto Plata (**Gran Ventana Beach Resort**). Santo Domingo propose des hôtels de toutes tailles (**Hostal Nicolas de Ovando**, **Hostal Nómadas**). Non loin se dresse un très grand complexe tout-inclus, la **Casa de Campo**, à La Romana (voir p. 160). Sur la côte nord, Cabarete offre un bon choix d'hôtels traditionnels (**Swell Surf Camp**, **Hotel El Magnifico**, **Velero Beach Resort**).

22

Saint-Barthélemy

Les 25 km^2 de ce petit îlot de terre volcanique plutôt sèche ont acquis au fil du temps la réputation de rocher balnéaire très «sélect» dans les Caraïbes. Sa végétation aride, son relief montagneux et son isolement auraient pu constituer un obstacle au développement de l'industrie touristique, et pourtant «Saint-Barth» a su ériger ses plages de sable blanc en un petit paradis pour milliardaires et croisiéristes.

Ses côtes protégées du tourisme de masse ne sont ponctuées que de quelques villas luxueuses, ses plages sont encore préservées des foules de touristes qui prennent habituellement d'assaut les îles caribéennes, et ses jolies bourgades, bordées de coquettes cases créoles, offrent aux visiteurs leurs multiples boutiques et restaurants. Saint-Barth n'a donc finalement rien à envier à ses voisines des Petites Antilles.

À voir, à faire

(voir carte p. 171)

Gustavia ★★★

Gustavia est l'agglomération la plus grande et la plus animée de Saint-Barthélemy. Prenez le temps de flâner dans ses rues charmantes, bordées de coquettes maisonnettes blanches au toit orangé. Profitez de ses cafés et de ses bons restaurants, ou laissez-vous tenter par l'une de ses nombreuses boutiques.

Si vous souhaitez en connaître davantage sur le passé, les traditions et la vie quotidienne des Saint-Barthois, rendez-vous au bout de la Pointe de Gustavia, au **Musée territorial de Saint-Barthélemy** *(05.90.29.71.55)*, aménagé dans une demeure de pierre austère des années 1800, la Wall House. On y présente différents objets évoquant l'époque coloniale.

Gustavia.

La trace du passage des Suédois à Saint-Barth demeure sous la forme du **Vieux Clocher** ★★ vert et de l'élégante **Maison Dinzey** ★ (1820), aujourd'hui le consulat de Suède! Quelques autres édifices méritent un coup d'œil: l'**église anglicane St. Bartholomew's** *(rue Samuel Fahlberg)*, construite entre 1853 et 1855, et l'**église catholique Notre-Dame-de-l'Assomption** *(rue de l'Église)*, achevée en 1829.

À la fin du XVIIIe siècle et au début du XIXe siècle, trois forts furent édifiés au sommet des collines qui entourent la ville pour protéger la colonie suédoise. Depuis les fortifications du **Fort Gustave** ★★, on a une vue imprenable sur la ville. Le **Fort Oscar**, visible vis-à-vis de celles-ci, est le quartier général de la gendarmerie. Le troisième fort, le Fort Karl, est complètement disparu.

La côte nord ★★

Au bord de la très belle **baie de Saint-Jean** ★★ s'étend un long croissant de sable blond caressé par les eaux turquoise de la mer des Caraïbes. Véritable paradis pour les amateurs de bains de soleil et de baignade, la baie compte parmi les plages les plus fréquentées de l'île. On y trouve de bons restaurants installés en bord de mer.

Lorient est une mignonne bourgade qui s'étire le long de l'**Anse de Lorient** ★. Cette plage est souvent fouettée par de fortes vagues qui en font un endroit idéal pour la pratique du surf.

L'extrémité est de l'île fait partie de la « côte au vent ». Elle est découpée de baies d'un bleu intense, blotties au creux d'abruptes falaises et bien abritées du vent et des forts courants. Parmi celles-ci se trouve la belle **Anse du Grand Cul-de-Sac** ★★, lieu privilégié des véliplanchistes débutants et des nageurs.

La côte sud ★★

Plus vous vous dirigerez vers le sud, plus vous remarquerez que le paysage se transforme, faisant place à des falaises escarpées. Aussi belle qu'elle soit avec son tapis de sable et sa cocoteraie en toile de fond, l'**Anse Toiny** ★★ ne se prête pas du tout à la baignade. Peu après, à **Grand Fond**, les flots agités viennent se fracasser sur les rochers. Si vous aimez les paysages tourmentés, vous devez prendre le temps de vous promener sur cette côte sauvage. L'Anse Toiny (et Grand Fond dans une moindre mesure) est très courue par les surfeurs.

La route remonte vers l'intérieur des terres avant de redescendre en direction de **Grande Saline**. Autrefois, on exploitait le sel de ce marais qui est à l'origine du nom de la plage située non loin, la splendide **Anse de Grande Saline** ★★. Cette plage est réputée pour sa beauté sauvage, les collines verdoyantes qui l'entourent, son sable fin et ses eaux cristallines. Un lieu incontournable à Saint-Barth!

La plage de l'Anse des Flamands.

Plus à l'ouest encore, près de Gustavia, l'**Anse du Gouverneur** ★★ est toujours épargnée par les commerces et les propriétés luxueuses. Elle abrite une plage qui a tout du petit paradis antillais oublié.

Le nord-ouest ★

Corossol ★ s'est développé à flanc de colline, au bord de l'**Anse de Corossol**, à quelques kilomètres au nord-ouest de Gustavia. Ici encore, les coquettes maisons au toit orangé égaient le paysage plutôt morne. Le charme de Corossol tient sans doute également à ses airs d'antan, car cette bourgade modeste est demeurée un village de pêcheurs et les barques colorées de ses habitants flottent encore face au rivage.

Le hameau de **Colombier** est perché dans les collines de l'ouest de

l'île. Au terme d'une balade d'une quinzaine de minutes à travers les broussailles, vous atteindrez la **plage de Colombier** ★★, la plus isolée de Saint-Barth. Quelques plaisanciers font escale dans cette anse reculée, dont les fonds se prêtent bien à la plongée.

Passé la pointe nord-ouest, les plages de l'**Anse des Flamands** ★★ et de l'**Anse des Cayes** alignent plusieurs établissements hôteliers de luxe sur fond de sable clair et de mer bleu azur.

Achats

L'île est un véritable paradis pour les consommateurs, car aucun produit n'est taxé. Les boutiques regorgent de marchandises de toutes sortes, souvent de bonne qualité : bijoux, articles de maison, vêtements, parfums, cosmétiques. La majorité de ces commerces se trouvent à **Gustavia** et dans les **centres commerciaux de Saint-Jean**. Montres et bijoux de grande marque se retrouvent dans de nombreuses boutiques en ville. Dans la seule **rue de la République** et dans le secteur avoisinant du **Carré d'Or**, qui regroupe plusieurs commerces de luxe face au quai de la République, on croise ainsi les enseignes de Bulgari, Chopard, Oro de Sol, Cartier, Carat…

Cafés et restos

Case de l'Isle

Hôtel Saint-Barth Isle de France, Anse des Flamands, 05.90.27.58.68

Installez-vous sous l'auvent ou sur les longues banquettes parsemées

L'hôtel Eden Rock, Saint-Jean.

de coussins face à la plage. Le cadre vous aura déjà conquis. À la plancha, au wok, sur le gril, bref, le chef décline plusieurs techniques, élaborant une cuisine fraîche et variée. Le service est parfait et l'ambiance romantique à souhait. Bon appétit!

Vietnam

31 rue du Roi Oscar II, Gustavia, 05.90.27.81.37

L'adorable case rouge et jaune (1790), ornée d'un dragon naïf, abritait jadis le presbytère suédois, avant d'être transformée en école pour jeunes gens de bonne famille. On s'y délecte aujourd'hui d'une authentique cuisine vietnamienne, mais aussi chinoise et thaïe, à des prix très abordables. Pour rester dans l'ambiance de l'île, vous pourrez même vous offrir des nouilles sautées... à la langouste!

Le Tamarin

route des Salines, Anse de Grande Saline, 05.90.29.27.74

L'endroit idéal pour un repas après quelques heures passées sur la plage de l'Anse de Grande Saline. L'établissement comporte un beau jardin à l'ambiance très zen. La cuisine est d'inspiration française. Fermé le lundi et le mardi midi.

Logement

Les hôtels sont de taille assez modeste et relativement dispersés sur l'île, de Gustavia (**Sunset Hotel**) à Grand-Cul-de-Sac (**Hôtel Les Ondines**) en passant par l'Anse Toiny (**Hôtel Le Toiny**) et Saint-Jean (**Eden Rock, Émeraude Plage**). Le marché des locations de propriétés privées se développe et plusieurs agences se partagent le marché.

Saint-Barthélemy
OCÉAN ATLANTIQUE
Mer des Caraïbes
N
Île Chevreau
(Île Bonhomme)
Île Frégate
Île Toc Vers
La Tortue
(L'Écalle)
Pointe Milou
Plage de Colombier
Anse de Colombier
La Petite Anse
Anse des Flamands
Anse Gros Jean
Flamands
Colombier
Anse de Gascon
Anse à Galets
Anse des Cayes
Anse des Cayes
Anse de Reine
Corossol
Anse de Corossol
Fort Gustave
Les Gros Îlets
Aéroport
Saint-Jean-Gustave III
Baie de Saint-Jean
Saint-Jean
Anse de Lorient
Lorient
Marigot
Anse de Marigot
Anse du Grand Cul-de-Sac
Anse du Petit Cul-de-Sac
Grand Cul-de-Sac
Petit Cul-de-Sac
La Petite Saline
Gustavia
Pain de Sucre
Lurin
Anse de Grand Galet
Les Petites Anses
Grand Fond
Anse Toiny
La Grande Saline
Anse de Grand Fond
Le Gouverneur
Anse de Grande Saline
Anse du Gouverneur
Anse de Chauvette
Grande Pointe
0
1
2km
Île Coco
©ULYSSE
Localisation
États-Unis
OCÉAN ATLANTIQUE
Cuba
République dominicaine
Haïti
Jamaïque
Mer des Caraïbes

23

Sainte-Lucie

Des exotiques savanes côtières balayées par les vents jusqu'aux sommets montagneux, en passant par la luxuriante forêt tropicale humide, Sainte-Lucie a beaucoup plus à offrir aux voyageurs que des plages de sable blanc. Au pied des magnifiques pitons se succèdent des récifs de corail, des parcs marins, des réserves naturelles, des sources thermales, des chutes et des douzaines d'anses isolées.

Il s'avère tout à fait approprié d'entrer par la mer à Castries, la capitale de Sainte-Lucie. Dès les premiers jours de la présence européenne dans l'île, Castries fut reconnue comme un des plus beaux ports des Caraïbes. Elle fait partie d'un mince chapelet insulaire connu sous le nom d'îles du Vent, bravant les rigueurs de l'Atlantique pour former l'arc des Petites Antilles.

À voir, à faire

(voir carte p. 175)

L'île de Sainte-Lucie, grâce à sa côte découpée et à son relief diversifié, ne manque certes pas d'attraits. Ses plages invitent à la détente et à la baignade. La mer accueille volontiers les plongeurs (avec tuba ou bouteille) et autres férus de voile, de ski nautique ou de pêche sportive en haute mer.

Castries ★

Castries a été ravagée au cours de son histoire par les ouragans et les incendies, si bien qu'il ne reste guère de grands monuments à visiter. Cependant, on ne peut manquer la **Cathedral of the Immaculate Conception** ★★, construite en 1897, et en face de la tour de l'horloge, le **Derek Walcott Square** ★, où un énorme « saman » (arbre à pluie), vieux de 400 ans, protège les promeneurs de son ombre.

1. Les pitons de Sainte-Lucie.
2. Pigeon Island National Landmark.

Ailleurs dans l'île

Dans le nord de l'île, le **Pigeon Island National Landmark** ★★★ plonge les visiteurs dans la longue histoire militaire de Sainte-Lucie. Un point d'observation permet d'admirer la côte jusqu'aux Pitons et même, par temps clair, d'apercevoir la Martinique.

Près de la pittoresque ville de **Soufrière** ★★★, il est possible d'explorer la forêt tropicale, de visiter des plantations de bananiers et de canne à sucre, et même d'escalader un volcan (en partie en voiture et en partie à pied). Aux **Mineral Baths and Waterfall** ★★, les visiteurs peuvent se baigner dans des bains minéraux alimentés par une source souterraine qui jaillit du volcan Qualibou. L'expérience procure une détente sans pareille, renforcée par le bruit de la chute (Diamond Waterfall) qui coule non loin. Voisins des bains minéraux, les **Diamond Botanical Gardens** ★★ renferment une merveilleuse collection de plantes et de fleurs locales.

Les plages

Comme la côte est très découpée, les plages sont diverses et magnifiques dans leur anse. Au nord de Castries, sable fin et charme riment avec **Vigie Beach** ★★ et **Choc Beach** ★★. Près de Rodney Bay, **Reduit Beach** ★★★ est assez longue pour qu'on s'y sente seul, et la location d'équipement de plongée-tuba est possible. Au sud, près de Soufrière, le sable noir volcanique couvre les plages. À **Anse Chastanet Beach** ★★★, bien que la baignade soit fantastique, la proximité du récif invite à la plongée.

Sainte-Lucie

Sainte-Lucie

Achats

Les complexes hors taxes de **La Carenage** et de **Point Seraphine** à Castries offrent un vaste assortiment de vêtements et de bijoux importés. Un certain nombre de marchands vendent des articles en batik et des vêtements de fabrication locale. Les boutiques d'artisanat proposent en outre des sculptures en bois, des bijoux et des carpettes faites d'herbes tressées. Dans les marchés de Castries, soit le **Castries Market** et le **Craft Market**, on trouve épices fraîches, barres de chocolat local et sauces piquantes.

Castries Market.

Cafés et restos

Coal Pot

côté sud de la marina de Vigie, Castries, 758-452-5566

Ce restaurant propose des repas exquis et raffinés dans une atmosphère des plus intimes. Les cuisines créole et européenne sont ici à l'honneur. Fermé le dimanche. Réservations recommandées.

Jacques Waterfront Dining

Rodney Bay, 758-458-1900

Jacques Waterfront Dining promet un repas mémorable. La qualité de la nourriture n'a d'égale que l'ambiance, agréable à souhait. Avec une vue sur l'eau et un éclairage romantique, que demander de plus? Fermé le dimanche.

Martha's Tables

Soufrière, 758-459-7270

Savoureuse cuisine locale servie en toute simplicité, dans une véranda entourée de végétation. Réservations nécessaires pour le repas du soir.

Logement

À Sainte-Lucie, on trouve beaucoup de grands complexes hôteliers axés sur les plages et la mer, principalement sur la côte ouest (**Bay Gardens Resorts**, **Royal by Rex Resort**), certains proposant une formule tout-inclus (**Coconut Beach Bay Resort & Spa**, **The Body Holiday**, **Sandals Regency La Toc**). Il existe aussi des auberges de moindre envergure (**Inn On the Bay**, **Nature's Paradise**, **Mango Beach Inn**) et des possibilités de location de villas et appartements, notamment auprès de **Tropical Villas** *(www.tropicalvillas.net)*.

Sainte-Lucie
Localisation
États-Unis
OCÉAN ATLANTIQUE
Cuba
République dominicaine
Haïti
Jamaïque
Mer des Caraïbes
Canal de Sainte-Lucie
Smuggler's Cove
Pigeon Island National Landmark
Cap Estate
Cas en Bas
Causeway Beach
Gros Islet
Anse Lavoutte
Rodney Bay
Reduit Beach
Labrellotte Bay
Bois D'Orange
Choc Beach
Choc Bay
Marisule
Monchy
Cape Marquis
George F.L. Charles Airport
Vigie Peninsula
Grande-Rivière
Vigie Beach
Paix-Bouche
Union Nature Trail
The Morne
Castries
Babonneau
Grande Cul de Sac Bay
Fond Assor
Grande Anse
Desbarra
Castries Waterworks Forest Reserve
Marigot Bay
La Croix Maingot
Jacmel
Trou L'Oranger
Piton Flore
Anse La Raye
Vanard
Bexon
Au Leon
River Rock Waterfall
Barre de L'Isle Ridge
Ravine Poisson
Grande Rivière
La Caye
Canaries
Fond d'Or Nature Reserve and Historic Park
Grand Bois Forest
Millet
Central Forest Reserve
Dennery
Mount Tabac
Errard
Dennery Waterworks Forest Reserve
Mineral Baths and Waterfall / Diamond Botanical Gardens
Eastern Nature Trail
Anse Chastanet Beach
Edmond Forest Reserve
Quilesse Forest Reserve
Praslin
Soufrière
Morne Gimie
Frigate Islands Nature Reserve
Mamiku Gardens
Morne Coubaril Estate
Fond Doux Estate
Mon Repos
Petit Piton
Piton St.Esprit
Fond St.Jacques
Patience
Sulphur Springs and Volcano
Gros Piton
Etangs
La Tille Waterfall
Ti Rocher
Industry
Monzie
Micoud
Fond Gens Libre
Caraibe Point
Belle Vue
Anse Ger
Anse John
Banse
Desruisseaux
Choiseul
La Fargue
River Dorée
Pierrot
Augier
Balenbouche Estate
Laborie
Savannes Bay Nature Reserve
Man Kote
OCÉAN ATLANTIQUE
0
4
8km
Hewanorra International Airport
Vieux Fort
Anse de Sables
Maria Islands Nature Reserve
Moule à Chique
N
©ULYSSE

24

Saint-Martin/ Sint Maarten

« La belle créole », située au nord de l'arc des Petites Antilles, possède une double identité, française et néerlandaise. Saint-Martin est la plus petite île au monde partagée entre deux pays.

Saint-Martin est une véritable « petite France » au cœur des Antilles. Elle séduit par cet étrange contraste entre exotisme et modernité, avec ses boutiques au cachet parisien et ses côtes tropicales ponctuées de longues plages paradisiaques. Elle a réussi à conserver quelques bourgs authentiques, tel Grand-Case, qui allie vie créole et ambiance de vacances, mais a su également tirer parti du développement du tourisme, comme en témoignent les terrasses animées en bordure de mer et les luxueuses boutiques de Marigot.

Le sud de l'île fait partie des Antilles néerlandaises. Plus petite mais plus peuplée que sa voisine française, Sint Maarten s'est développée autour de Philipsburg, principale agglomération et cœur de l'activité économique du territoire. Mais les vacanciers sont davantage attirés par Simpson Bay et Mullet Bay, où des stations balnéaires ont été aménagées au bord de superbes plages de sable blanc.

À voir, à faire

(voir carte p. 179)

Saint-Martin ★★★

Marigot ★★, chef-lieu de Saint-Martin, est situé dans le nord-ouest de l'île. Le centre-ville concentre de nombreux restaurants branchés, des boutiques et des cafés-terrasses. Une balade à travers les rues de la ville vous conduira au bord de la baie, où se tient le **marché public** ★. Là-haut sur la col-

1. Le marché public de Marigot.
2. Le Fort Saint-Louis.

line se dressent les ruines du **Fort Saint-Louis** ★★, édifié en 1767 par les colons français. Assiégé par les troupes anglaises en 1794, le fort resta en leur possession pendant quelques années. On peut s'y rendre pour profiter de la superbe vue.

Au pied de la rue qui monte vers le fort, le **musée Sur la trace des Arawaks** ★★ *(7 rue Fichot, 06.90.56.78.92)* retrace l'histoire des premiers habitants de l'île. Plusieurs pièces y sont exposées, notamment des outils en coquillage, des pièces de céramique et des bijoux de nacre trouvés lors des fouilles archéologiques effectuées dans l'île. Fermé le week-end.

À l'ouest de Marigot s'étire Terres Basses. Un étroit cordon littoral y mène, séparant la **baie Nettlé**, côté mer des Caraïbes, du Grand Étang de Simsonbaai. Plusieurs complexes touristiques y ont été construits. On atteint ensuite la très jolie plage de sable fin et moelleux de **Baie Rouge** ★★, délimitée par de courtes falaises au sommet desquelles se cachent quelques riches villas. La plage de la **baie aux Prunes** ★ et celle de la **Baie Longue** ★★ s'allongent sur Terres Basses. La partie la plus occidentale de la plage de la Baie Longue a un aspect sauvage; l'autre portion se termine au pied de falaises sur lesquelles ont été élevés les superbes bâtiments de l'hôtel La Samanna. À l'est de Marigot, **Friar's Bay** ★★ est une autre très jolie plage, pas trop fréquentée. Au-delà, **Grand-Case** ★ est sans doute le plus pittoresque des villages de l'île. Il s'étale en bordure de mer et compte plusieurs coquettes cases

La Baie Orientale.

créoles, dont quelques-unes avec les meilleures tables de l'île.

Une petite route grimpe à pic sur les hauteurs avant de dévaler vers l'**Anse Marcel**, une superbe plage de sable encastrée entre de hautes falaises. Des hôtels de luxe s'y sont établis. De là, le plus beau sentier de l'île mène vers la Pointe des Froussards et la **baie de Petites Cayes** ★, déserte.

Face à l'étang de la Barrière, de petits bateaux permettent de traverser jusqu'à l'**îlet Pinel** ★★, un adorable caillou inhabité, bordé d'une plage de toute beauté. On y trouve seulement trois restaurants.

Les eaux de la **Baie Orientale** ★★★ caressent un long ruban de sable fin qui se déroule à perte de vue. Cette plage, sans conteste la plus belle de l'île, est perpétuellement envahie par les visiteurs venus s'adonner à des sports nautiques ou tout simplement aux plaisirs de la baignade. Peu après se trouvent la **Ferme aux Papillons** ★ et une autre longue plage tapissant les flancs de la **baie de l'Embouchure**.

À l'intérieur des terres, une route étroite et cahoteuse s'élève au-dessus de Rambaud vers le sommet du **pic Paradis** ★★, le point culminant de l'île (424 m). Un réseau de sentiers baptisé **route des Crêtes** permet d'explorer cette section sauvage de l'île.

Sint Maarten ★★★

À **Philipsburg** ★, principale ville de la partie néerlandaise de l'île, l'action est essentiellement concentrée le long de la promenade longeant la plage et de la très commerciale

Saint-Martin/ Sint Maarten

Philipsburg.

Front Street, où pullulent les boutiques hors taxes en tous genres. Vous passerez sans doute devant la mignonne **Methodist Church** *(90 Front St.)*, au petit clocher tapissé de clins de bois, et la **Courthouse** ★ (1792), devenue le symbole de l'île, dont le bâtiment a servi successivement de caserne de pompiers, de prison et de bureau de poste. Les amateurs d'histoire se dirigeront vers le **Sint Maarten Museum** *(7 Front St., 599-542-4917, www.museumsintmaarten.org)*, qui rassemble des vestiges arawaks découverts dans la région de Mullet Bay ainsi que des pièces hollandaises et espagnoles datant des débuts de la colonisation.

Juste à l'ouest de Philipsburg, le **Fort Amsterdam** ★ s'amarre à une péninsule étroite séparant Great Bay de Little Bay. Il fut construit en 1631 par les Hollandais, ce qui en fait le tout premier fort néerlandais des Caraïbes.

Plus à l'ouest, les développements balnéaires ont entièrement conquis le paysage autour de **Simpson Bay** et de l'aéroport Princess Juliana. Plusieurs villages touristiques se suivent, composés d'une succession d'hôtels, de restaurants, de casinos, de discothèques et de boutiques. Les visiteurs s'y rendent nombreux pour profiter de longues plages de sable (**Maho Beach**, **Mullet Bay Beach** ★★ et **Cupecoy Beach**). À l'est de Philipsburg, **Dawn Beach** ★ attire les adeptes de la plongée-tuba.

Achats

L'île est un véritable paradis pour les consommateurs, car aucun produit n'est taxé; aussi le magasinage y est-il vite devenu l'une des activités les plus populaires. **Philipsburg** est sans conteste le haut lieu du marchandage, et sa rue principale, **Front Street**, regorge de marchandises tantôt luxueuses, tantôt abordables. **Marigot** est véritablement le centre de la mode à Saint-Martin. En fouinant un peu, et si on ne craint pas d'ouvrir (largement) son porte-monnaie, on peut y dénicher quelques-unes des dernières créations des grands couturiers français, italiens et américains. Plusieurs grandes enseignes se trouvent près de la **marina Port La Royale**, rue du Président Kennedy.

Cafés et restos

Au Coin des amis

boul. de Grand Case, Grand-Case, Saint-Martin, 05.90.87.03.89

Ceux qui aiment les endroits authentiques doivent absolument essayer l'un des lolos (kiosques de bois) installés au bord de la mer. Au petit matin, les Saint-Martinoises viennent y préparer leurs plats, poisson grillé ou crabe farci, boudin de lambi et autres cristophines farcies, qu'elles cuisent sur de grands barbecues en plein air. Malgré ces installations rudimentaires, elles parviennent à préparer de véritables petits délices. On mange (pique-nique, plutôt) assis à de grandes tables en bois, sur le terre-plein, avec la mer pour toile de fond.

Bistro Nu

allée de l'Ancienne Geôle, Marigot, Saint-Martin, 05.90.87.97.09

Quartier général des Français en manque de foie de veau et d'artichauts, le resto, aménagé dans une case créole à l'écart du centre-ville, joue la carte métropolitaine sans le lustre et la prestance de la plupart des autres restaurants français de Saint-Martin. Les notes provençales sont assez marquées, mais quelques spécialités créoles s'invitent aussi au menu. Bref, de quoi satisfaire tous les goûts, sans chichis et avec le sourire. Faites votre choix au tableau.

Tropicana

marina Port La Royale, Marigot, Saint-Martin, 05.90.87.79.07

Si vous avez de la chance, vous réussirez à vous asseoir à l'une des tables situées tout contre l'eau. Cette adresse, parmi les meilleures de la marina Port La Royale, se distingue par une cuisine française un peu plus raffinée et un superbe choix de salades. On y trouve quelques options végétariennes. Surtout, gardez de la place pour le dessert; ils sont assez chers, mais le chef pâtissier maison fait des merveilles. Pour ne rien gâcher, l'accueil est sympathique et professionnel.

Cheri's Cafe

Rhine Rd. 45, Maho Beach, Sint Maarten, 721-545-3361

En plein cœur du village touristique de Maho, le Cheri's Cafe est un endroit bon enfant où règne toujours une joyeuse ambiance de vacances.

Les gens viennent nombreux sur sa grande terrasse pour dîner en écoutant des chanteurs locaux débiter les grands classiques américains des 50 dernières années (à partir de 20h). Au menu, on trouve de tout ou presque, hamburgers et fruits de mer s'y côtoyant. Ne vous attendez pas à des couverts en argent: le service se fait dans des assiettes en plastique.

The Greenhouse

Face à la Bobby's Marina, Philipsburg, Sint Maarten, 599-542-2941

Juste en face de la Bobby's Marina se trouve le restaurant Greenhouse. Ainsi attablé en retrait de la trépidante Front Street, vous jouirez d'un cadre plus calme. Le menu n'est pas très compliqué, et vous aurez le choix parmi une sélection de plats simples, comme les côtes levées, les steaks, le poisson grillé et les hamburgers. Le restaurant plaît surtout pour son atmosphère sympathique, idéale pour un repas entre amis.

Belmond La Samanna.

Logement

Particulièrement du côté néerlandais de Saint-Martin, on remarque la présence de plusieurs lieux qui se disent «club privé». Il s'agit en fait d'une formule d'hébergement en «temps partagé», ou *time sharing*. Des visites sont parfois organisées pour permettre de découvrir ces endroits. Si vous acceptez, vous aurez en fait droit à une séance de vente, quelquefois sous pression, au cours de laquelle on vous proposera l'achat d'un séjour d'une semaine par année dans l'un de ces appartements. Sachez cependant qu'il est parfois possible de louer l'un de ces appartements sans être membre du «club». Du côté français, on dénombre plusieurs complexes hôteliers (**Belmond La Samanna**, **Mercure Saint-Martin Marina and Spa**, **Alamanda Resort**), des hôtels (**Le Petit Hôtel**, **Hôtel La Plantation**) ainsi que des formules de location (**Bleu Émeraude**, **Green Cay Villas**). À Philipsburg (Sint Marteen) se trouvent quelques hôtels de moindre envergure (**Pasanggrahan Boutique Hotel**, **L'Espérance Hotel**). Ailleurs sur cette partie de l'île sont situés de grands complexes hôteliers (**Divi Little Beach Resort**, **Sonesta Great Bay Beach Resort and Casino**).

25

Saint-Kitts-et-Nevis

Ces deux petits paradis des îles du Vent ont su préserver le charme unique des Caraïbes. Si les îles de Saint-Kitts et de Nevis semblent être deux sœurs, elles réservent aux visiteurs de belles surprises qui leur permettent de se distinguer l'une de l'autre. Saint-Kitts s'enorgueillit d'une variété de paysages, qui en font une destination de plein air on ne peut mieux choisie. Il suffit de songer à l'ascension exigeante du mont Liamuiga, un volcan éteint de 1 155 m, à l'exploration sous-marine d'épaves ou des grottes du récif de corail qui borde la côte, ou aux bains de mer et de soleil qu'offrent les plages idylliques de l'île. Sans compter qu'ici aucune tour en béton n'est visible, la loi interdisant toute construction plus élevée qu'un palmier. Nevis est quant à elle moins développée et de dimensions plus limitées, mais on y remarque de belles plages de sable blanc ou noir et de nombreuses anciennes maisons de plantation aujourd'hui reconverties en auberges.

À voir, à faire

(voir carte p. 185)

Saint-Kitts ★★★

Le nom de **Basseterre** ★★ évoque bien l'héritage français de l'île, mais, ici comme ailleurs dans l'île de Saint-Kitts, l'influence britannique demeure prédominante. Port de mer du pays, Basseterre a été fondée en 1627, avant de devenir la capitale de l'île en 1727. Un incendie l'ayant ravagée en 1867, son architecture révèle aujourd'hui un mélange hétéroclite de styles plus ou moins récents, dont certains bâtiments georgiens tout à fait *British*.

La **St. George's Anglican Church** ★★, située rue Cayon, s'appelait à l'origine l'église « Notre-Dame ». Bâtie par les Français en 1670, elle fut incendiée par les Anglais en 1706, puis reconstruite quatre ans plus tard. L'**Independence Square** ★★, originellement baptisé « Pall Mall Square », fut aménagé en 1790 au cœur de la ville. Il joua longtemps le

Brimstone Hill.

rôle de centre de vente aux enchères des esclaves.

Imposante forteresse britannique surnommée le «Gibraltar des Antilles», **Brimstone Hill** ★★★ est à ne pas manquer, et ce, même pour qui n'est pas particulièrement féru d'histoire. Édifiée en 1690 à près de 245 m au-dessus du niveau de la mer, elle s'étend sur 15 ha et offre des panoramas à couper le souffle. Malgré ses murailles de roche volcanique noire épaisses de 2 m, cette place forte est tombée aux mains des Français en 1782. Les Anglais sont toutefois redevenus les maîtres de l'île dès l'année suivante et ont alors entrepris l'agrandissement de la forteresse. Le site de Brimstone Hill est devenu un parc national en 1965 et est aujourd'hui inscrit sur la Liste du patrimoine mondial de l'UNESCO.

Mais l'attrait par excellence demeure le **St. Kitts Scenic Railway** ★★ (*www.stkittsscenicrailway.com*), un train à étage qui fait une boucle de près de 50 km en 3h.

Ancienne maison de plantation de canne à sucre, le **Romney Manor** ★★★ dévoile aujourd'hui de magnifiques jardins. En bordure de la propriété se trouve par ailleurs un amas de rochers marqués de pétroglyphes laissés par les Indiens caraïbes, les premiers habitants de l'île. La propriété abrite en outre les ateliers de **Caribelle Batik** ★★, où l'on peut observer le travail des artisans produisant des tissus aux motifs colorés.

Nevis ★★

Le traversier venant de Basseterre laisse ses passagers à **Charlestown** ★★, ville principale de Nevis. On y découvre notamment de jolies mai-

sons coloniales en bois et de nombreux bougainvilliers.

Situés hors de Charlestown, les **Botanical Gardens of Nevis** ★★ *(www.botanicalgardennevis.com)* sont magnifiquement aménagés au pied du mont Nevis.

Les plages

Frigate Bay ★★, sur la péninsule sud-est de Saint-Kitts, regroupe une bonne partie des hôtels de l'île. Cette péninsule est bordée de magnifiques plages de sable blanc et offre des vues pour le moins remarquables. **Conaree Beach** ★★, à 4,8 km de Basseterre, constitue aux yeux de plusieurs la meilleure plage pour la baignade.

Les amateurs de plongée-tuba aimeront particulièrement les plages de **Friar's Bay** ★★ et de **South Frigate Bay** ★★. Ceux qui s'adonnent à la plongée sous-marine opteront pour les sites réputés de **Bloody Bay** ★★★, au nord de Basseterre, et de **Nags Head** ★★★, à l'extrême sud de l'île.

Sur l'île de Nevis, la plage la plus appréciée est **Pinney's Beach** ★★★, située à environ 5 km au nord de Charlestown.

Achats

On trouve de nombreux magasins autour du **Circus** au centre-ville de **Basseterre**, dont certains proposent des produits détaxés (bijoux,

Ottley's Plantation Inn.

parfums...). Pour trouver de belles pièces en batik, on se rend aux ateliers **Caribelle Batik**, près du Romney Manor (voir p. 184). Sur Nevis, à Charlestown, il est conseillé de faire un arrêt à la coopérative des artisans locaux **Nevis Handicraft Co-op Society**.

Cafés et restos

Spice Mill Restaurant

Cockleshell Beach, Saint-Kitts, 869-469-6455

Le Spice Mill Restaurant propose des mets d'un peu partout dans le monde, agrémentés d'une touche caribéenne. Le tout dans un décor soigné et à deux pas de la plage. Réservations recommandées.

Lime Beach Bar

Pinney's Beach, Charlestown, Nevis, 869-469-1147

Non loin du Chevy's, le Lime Beach Bar est populaire pour son délicieux mérou et ses petites tables vert lime qui offrent une magnifique vue sur la mer des Caraïbes.

Logement

Aussi bien sur Saint-Kitts que sur Nevis, le parc immobilier est en plein développement, avec plusieurs grandes infrastructures en construction. De nombreuses locations chez l'habitant et plusieurs gîtes sont disponibles sur Saint-Kitts (**Rock Haven Bed & Breakfast**, **Ottley's Plantation Inn**). Nevis est pourvue en logements de ce type (**Nisbet Plantation Beach Club**), mais offre une sélection plus étoffée de complexes hôteliers de moyenne envergure (**Oualie Beach Resort**, **Four Seasons Resort Nevis**).

26

Saint-Vincent-et-les-Grenadines

Elles en sont venues à incarner l'éden tropical. Sable blanc immaculé, palmiers doucement agités par les alizés, eaux turquoise... les Grenadines sont synonymes de luxe, calme et volupté. Saint-Vincent, l'île mère, est paradoxalement moins connue. Les plages y sont noires et parfois immenses.

La seule île de Saint-Vincent représente 344 km² des 389 km² du pays. Cette île montagneuse culmine à 1 234 m au volcan de la Soufrière, toujours en activité, qui occupe tout son tiers nord. Ses éruptions sont à la fois redoutées et régulières. La plus grave, en 1902, provoqua la mort de 1 565 personnes; la dernière remonte seulement à 1979. Saint-Vincent est si fortement accidentée que les routes peinent à y pénétrer. Aucune, par exemple, n'en fait le tour. Les Grenadines sont pour l'essentiel basses et leurs côtes sont tapissées de larges rubans de sable clair. Bequia, quant à elle, se couvre de collines au centre.

À voir, à faire

(voir carte p. 189)

Saint-Vincent ★★

Malgré sa jolie situation, tel un amphithéâtre naturel au fond d'une baie de la côte sud-ouest, **Kingstown** n'est pas très attachante. On y découvre un **marché** animé et quelques édifices religieux. L'étonnante **St. Mary's Church** ★, catholique, évoque un édifice médiéval avec ses flèches pseudo-gothiques. Sur les hauteurs, le **Jardin botanique** ★★★, fondé en 1765, est le plus vieux des Antilles. Une volière y abrite de rares perroquets de Saint-Vincent, propres à l'île (un oiseau

Le sentier menant au volcan de la Soufrière.

très coloré: vert, jaune, bleu, avec des touches orangées).

L'exploration du reste de l'île se fait difficilement en une seule journée. Certains choisissent de passer quelques heures sur la plage de **Young Island** ★★★, une île privée qui fait face à la côte sud et où se trouve un complexe balnéaire de luxe. D'autres entreprennent de visiter la côte ouest ou la côte est. La première donne l'occasion de découvrir des pétroglyphes (à **Layou** ★★), de belles chutes d'eau (**Trinity Falls** ★★, **Dark View Falls** ★★) dévalant au cœur d'une végétation exubérante et des plages de sable noir. **Wallilabou Bay** ★★★ est un incon tournable depuis que les réalisateurs hollywoodiens y ont tourné plusieurs scènes de *Pirates des Caraïbes*.

Seul le bateau permet de rejoindre, tout au nord de l'île, les **Falls of Baleine** ★★★: une excursion réservée aux plus aventureux qui auraient envie de se baigner dans le bassin de la cascade.

Pour rejoindre la côte orientale, on traverse le grand chaudron de la **Mesopotamia Valley** ★★, une ancienne caldeira effondrée devenue le grenier de Saint-Vincent. Tout pousse sur cette terre volcanique très riche: cacaoyers et autres arbres fruitiers tropicaux, cocotiers, etc. Sur les hauteurs, on peut visiter les magnifiques **Montreal Gardens** ★★.

Les plus sportifs n'hésiteront pas à entamer l'ascension du **volcan de la Soufrière** ★★. La randonnée, qui dure environ 4h aller-retour, est

Saint-Vincent-et-les-Grenadines
0
4
8km
N
Fancy
Falls of Baleine
Volcan de la Soufrière
Chateaubelair
Wallilabou Bay
Saint-Vincent
Georgetown
Barrouallie
Layou
Montreal Gardens
Mesopotamia Valley
Jardin botanique
Kingstown
E.T. Joshua Airport
Argyle International Airport (en construction)
Young Island
OCÉAN ATLANTIQUE
Mer des Caraïbes
Bequia
Oldhegg Turtle Sanctuary
Port Elizabeth
Lower Bay Beach
Princess Margaret Beach
J.F. Mitchell Airport
Les Grenadines
Isle-à-quatre
Mustique
Battowia
Baliceaux
Localisation
États-Unis
OCÉAN ATLANTIQUE
Cuba
République dominicaine
Haïti
Jamaïque
Mer des Caraïbes
©ULYSSE

Oldhegg Turtle Sanctuary.

l'une des plus belles des Caraïbes, bien que plutôt intense. Le sentier traverse une forêt de toute beauté avant de déboucher face à un gigantesque cratère battu par les vents.

Les Grenadines ★★★

La principale escale des navires de croisière dans les Grenadines est **Bequia** ★★★, une île recouverte de collines boisées et réputée pour ses merveilleuses plages de sable blanc ou doré. Les plus belles de toutes, situées aux abords mêmes du port, sont **Princess Margaret Beach** ★★★ et **Lower Bay Beach** ★★★.

Port Elizabeth ★★, le chef-lieu, s'anime surtout à l'heure de l'arrivée des traversiers et des navires de croisière. Une jolie vue se révèle depuis les vestiges du vieux **Fort Hamilton** (XVIIIe siècle). En chemin, on peut faire halte à l'un des ateliers traditionnels fabriquant des **modèles réduits de bateaux**. La technique remonte aux siècles passés: Bequia fabriquait jadis des embarcations pour toutes les îles des Grenadines – et surtout pour les baleiniers qui écumaient les eaux voisines. Quelques chasseurs de baleine entretiennent cette tradition disparue partout ailleurs dans les Antilles. Pas de canon à harpon ici, juste quelques hommes sur une barque instable traquant le cétacé.

Une balade en taxi autour de l'île mène, sur la côte est, à l'**Oldhegg Turtle Sanctuary** ★★★, une initiative privée d'un ancien pêcheur local pour favoriser la survie des tortues. Les tortues prises dans les filets y sont soignées, les œufs ramassés sur les plages sont incubés et les jeunes tortues sont relâchées dans la nature vers l'âge adulte.

De Bequia, des excursions d'un jour mènent à l'île des milliardaires, **Mustique Island** ★★★.

Achats

Le front de mer au **centre-ville de Kingstown**, avec le port de croisière, constitue la principale zone commerciale de Saint-Vincent. Les objets de vannerie (tapis, paniers, chapeaux...) sont de charmants souvenirs à rapporter et l'on en trouve une belle sélection au **St. Vincent Craftsmen's Centre** de Frenches Street, ainsi que d'autres produits de l'artisanat local. De Bequia, on rapporte l'un des bateaux en modèle réduit que l'on retrouve dans plusieurs boutiques, notamment à la **Mauvin's Model Boat Shop** à Port Elizabeth.

Cafés et restos

L'Auberge des Grenadines

Admiralty Bay, Bequia, 787-457-3555

L'Auberge des Grenadines propose une cuisine caribéenne avec une touche française. Certains soirs, des musiciens viennent agrémenter le repas. Belle vue sur la baie.

Mac's Pizzeria

Port Elizabeth, Bequia, 784-458-3474

Très populaire pour ses délicieuses pizzas. En saison, ne manquez pas d'essayer la pizza à la langouste.

Logement

La plupart des lieux d'hébergement proposés sur Saint-Vincent sont de taille moyenne et se concentrent autour de Kingstown (**Mariners Hotel**, **Cobblestone Inn**) et de Villa Beach, un peu plus au sud de la capitale (**Sunset Shores Beach Hotel**, **Beachcombers Hotel**). Sur Young Island se trouve un complexe balnéaire de luxe, le **Young Island Resort**. Sur Bequia, les hôtels sont regroupés autour de Port Elizabeth (**Frangipani Hotel**, **Gingerbread Hotel**) et de Friendship Bay (**Bequia Beach Hotel**).

Fruits à pain.

L'arbre à pain

C'est au jardin botanique de Kingstown, la capitale, qu'a été acclimaté le premier arbre à pain. Originaire de Polynésie, cette plante a été importée par les Anglais pour nourrir leurs esclaves à peu de frais. C'est le capitaine Bligh qui fut chargé de cette mission à bord du célèbre *Bounty*... Après avoir survécu à la mutinerie de ses hommes, il retourna dans les mers du Sud pour s'acquitter – enfin – de sa mission.

27

Trinité-et-Tobago

Aussitôt arrivé à Trinité-et-Tobago, vous remarquerez certainement la mixité des habitants. Ce riche héritage culturel en fait une destination des plus surprenantes, tant par les langues parlées que par la nourriture et les religions pratiquées.

Constitué de deux îles, Trinité et Tobago, Trinité-et-Tobago est situé à 12 km au large du Venezuela. Il s'agit de l'archipel le plus méridional des Antilles.

Découverte en 1498 par Christophe Colomb, **Trinité** ★★ est d'abord sous la gouverne de l'Espagne. La France s'empare ensuite de l'île, de même que de **Tobago** ★★. Au XVIIIe siècle, les deux îles passent aux mains des Anglais et le resteront pour près de 200 ans. En 1962, Trinité-et-Tobago devient indépendant.

Trinité

À voir, à faire

(voir carte p. 194)

Port d'Espagne ★★
L'attrait principal de Port d'Espagne est le **Queen's Park Savannah** ★★★, autrefois une plantation de canne à sucre. On peut aujourd'hui se promener dans cet espace vert qui compte plusieurs maisons historiques, un jardin botanique et un zoo. Si vous êtes à Port d'Espagne lors du Mardi gras, vous pourrez assister à l'un des plus célèbres carnavals des Caraïbes, le **carnaval de Trinité-et-Tobago** ★★★.

À l'est de Port d'Espagne

Trinité compte plus de 400 espèces d'oiseaux. Pour les observer, rendez-vous à l'**Asa Wright Nature Centre** ★★★ *(www.asawright.org)*.

Les plages

Avec ses nombreuses plages, vous aurez le loisir de profiter du sable blanc et de l'eau turquoise de Trinité. Quelques plages dignes de mention: **Carenage Bay** ★★, **Grande Rivière**, **Blanchisseuse** ★★ et **Maracas Bay** ★★★.

Achats

De Trinité-et-Tobago, on rapporte des articles de cuir, des costumes de carnaval et du rhum local. Les **rues Frederick**, **Queen** et **Henry** constituent les principales artères commerçantes du centre de Port d'Espagne. Difficile de rapporter un *pan*, l'instrument à percussion métallique emblématique de l'île: on se tournera donc vers un disque de *steel band*, beaucoup moins encombrant!

Cafés et restos

Battimamzelle

Coblentz Inn Boutique Hotel, 44 Coblentz Ave., Port d'Espagne, 868-621-0541

Le Battimamzelle, un restaurant gastronomique, propose de savoureux mets caribéens. La présentation des plats est particulièrement raffinée.

La plage de Maracas Bay.

Veni Mangé

67A Ariapita Ave., Port d'Espagne, 868-624-4597

Pour goûter à la cuisine typique de Trinité-et-Tobago, rendez-vous au Veni Mangé, où vous pourrez déguster poissons et viandes accompagnés de riz et haricots. Atmosphère chaleureuse.

Logement

À Port d'Espagne se concentrent la plupart des hôtels (**Radisson Hotel Trinidad**, **Coblentz Inn Boutique Hotel**) et gîtes (**Monique's**, **Gingerbread House**). Pour les amoureux de nature et de solitude, l'**Asa Wright Nature Centre Lodge** se trouve à plus d'une heure de route de la capitale.

Trinité-et-Tobago

Tobago

À voir, à faire

(voir carte p. 194)

L'île de Trinité est plus près géographiquement du Venezuela que de l'île de Tobago. Pour rejoindre cette dernière, il faut compter 6h de traversier depuis Port d'Espagne.

Scarborough ★★, capitale et principal port de Tobago, est une ville animée et parsemée de nombreuses petites échoppes. Derrière le port, on prend plaisir à s'arrêter aux étals du marché qui regorgent de produits frais et locaux. Le dimanche est la journée la plus achalandée et une bonne occasion de prendre le pouls de la ville. Sur la colline à quelques kilomètres à l'est de la capitale se dresse le **Fort King George** ★★★, construit en 1770 par les Britanniques. Bien conservé, ce bâtiment abrite le **Tobago Museum** et offre un panorama splendide sur la baie et les environs.

Au nord de l'île, **Charlotteville** ★★ est un tranquille village de pêcheurs entouré d'une végétation luxuriante le long de la baie de Man O'War. Un endroit parfait pour décontracter entre bains de soleil, plongée-tuba et randonnées.

La pointe nord de l'île est un lieu privilégié pour la plongée. Plusieurs spots s'y concentrent, notamment l'**Arnos Vale Reef** ★★★, un récif qui abrite de nombreuses espèces de poissons, toutes plus colorées les unes que les autres.

Fort King George.

Les plages

Les plages sont nombreuses sur Tobago, surtout à la pointe sud de l'île. **Pigeon Point Beach** ★★★, avec son sable blanc et ses cocotiers, incarne la plage caribéenne par excellence. Ceux qui voudraient fouler une plage de sable noir se tourneront vers **Bacolet Beach**★★. **Turtle Beach**★★, quant à elle, accueille, entre février et juin, les tortues venues pondre la nuit.

Logement

Tobago est une destination un peu plus touristique que Trinité et l'offre d'hébergement reflète cet état de fait. À la pointe sud, on y trouve des complexes hôteliers (**Coco Reef Tobago**, **Magdalena Grand Beach & Golf Resort**) et d'autres qui offrent la formule tout-inclus (**Grafton Beach Resort**).

Un cocotier.

les caraïbes pratique

Aéroport de Sint Maarten.

Les formalités

Passeports et visas

Pour être admis dans la majorité des îles des Caraïbes, un passeport valide au-delà de la date de retour est requis. Pour entrer en Martinique, en Guadeloupe et à Saint-Martin toutefois, les citoyens des pays membres de l'Union européenne ou de la Suisse n'ont besoin que de leur carte nationale d'identité en cours de validité.

Si votre voyage prévoit des escales dans plusieurs îles, assurez-vous de remplir les conditions requises pour chacune. Les formalités de séjour peuvent changer en tout temps et varient selon les pays d'origine et de destination. Il convient de s'informer auprès des autorités compétentes de votre pays, de votre agence de voyages ou de votre compagnie aérienne.

Il est recommandé de toujours prendre soin de conserver une photocopie des pages principales et de conserver le numéro et la date d'échéance de son passeport. Dans l'éventualité où ce document serait perdu ou volé, il sera alors plus facile de le remplacer (faites de même avec votre certificat de naissance ou carte de citoyenneté). Lorsqu'un tel incident survient, il faut contacter l'ambassade ou le consulat de son pays pour faire

Passeport.

émettre de nouveau un document équivalent.

Cartes de tourisme

Pour certains pays, notamment Cuba ou la République dominicaine, il est nécessaire d'avoir en sa possession une carte de tourisme. Dans la plupart des cas, cette carte vous sera délivrée par l'agence de voyages à l'aéroport ou dans l'avion, avec le billet d'avion. Elle peut aussi être délivrée par l'ambassade ou le consulat du pays. Généralement, le prix du billet d'avion ou du forfait comprend le montant nécessaire à l'achat de cette carte. Il faut la conserver avec soin durant tout le voyage, car elle devra être remise aux autorités à l'aéroport à la fin du séjour. Renseignez-vous auprès de votre voyagiste ou de votre compagnie aérienne.

Taxes d'arrivée et de départ

Certains pays des Caraïbes ont instauré une taxe de départ ou, parfois, d'arrivée. Bon nombre de voyagistes incluent ces montants dans leur forfait. Si tel n'est pas le cas, il vous faudra l'acquitter soit à votre arrivée, soit à votre départ de l'aéroport. Renseignez-vous auprès de votre agence de voyages ou de votre compagnie aérienne pour connaître le montant et les conditions d'application de ces taxes.

L'arrivée

	Aéroports	Principaux ports de croisière
Anguilla	**Clayton J. Lloyd International Airport** The Valley, 264-497-3510; liaisons régionales seulement	Blowing Point
Antigua-et-Barbuda	**V.C Bird International Airport** 8 km au nord-est de Saint John's, 268-484-2300, www.vcbia.com	St. John's
Aruba	**Queen Beatrix International Airport** Oranjestad, 297-524-24-24, www.airportaruba.com	Oranjestad
Bahamas	**Lynden Pindling International Airport** Windsor Field Road, Nassau, New Providence, 242-702-1010, www.nassaulpia.com **Grand Bahama International Airport** Queen's Cove, Freeport, Grand Bahama, 242-352-6020	Nassau, Freeport-Lucaya
Barbade	**Sir Grantley Adams International Airport** Airport Access Road, 246-418-4242, http://barbados.airport-authority.com	Bridgetown
Bonaire	**Bonaire International Airport** Kralendijk, 599-717-5600, www.bonaireinternationalairport.com	Kralendijk
Cuba	**Aeropuerto Internacional José Martí** Av. Van Troi, angle Final, Rancho Boyeros, 7-642-0100 ou 7-649-5666 **Aeropuerto Juan Gualberto Gómez** 20 km au sud-ouest de Varadero, 53-55-3612, www.varadero-airport.com **Aeropuerto Internacional Antonio Maceo** 5km au sud de Santiago de Cuba, 22-69-8614, http://santiagodecuba.airportcuba.net	La Havane, María la Gorda, Cienfuegos, Santiago de Cuba
Curaçao	**Hato International Airport** Willemstad, 5999-839-1000, www.curacao-airport.com	Willemstad
Dominique	**Canefield Airport** au nord de Roseau dans la partie sud de l'île; liaisons régionales seulement **Douglas-Charles Airport** Marigot, partie nord de l'île, 767-448-4431; liaisons régionales seulement	Roseau, Woodbridge Bay, Portsmouth
Grenade	**Maurice Bishop International Airport** Maurice Bishop Memorial Highway, True Blue, 473-444-4555, www.mbiagrenada.com	Saint George's
Guadeloupe	**Aéroport Guadeloupe - Pôle Caraïbes** Morne Mamiel, Abymes, 05 90 21 71 71, www.guadeloupe.aeroport.fr	Pointe-à-Pitre, Les Saintes

	Aéroports	Principaux ports de croisière
Haïti	**Aéroport International Toussaint Louverture** 10 km au nord-est de Port-au-Prince, http://pap.aan-haiti.com **Aéroport International de Cap-Haïtien** Cap-Haïtien	Labadie
Îles Cayman	**Owen Roberts International Airport** Roberts Dr, George Town, 345-943-7070, www.caymanairports.ky	George Town
Îles Turks et Caicos	**JAGS McCartney International Airport Grand Turk** http://www.tciairports.com/ **Providenciales International Airport** www.tciairports.com	Grand Turk
St. Croix - Îles Vierges américaines	**Henry Rohlsen International Airport** Christiansted, St Croix, 340-778-1012	Frederiksted
St. John - Îles Vierges américaines		Cruz Bay
St. Thomas - Îles Vierges américaines	**Cyril E. King International Airport** Airport Rd., Charlotte Amalie West, St Thomas, 340-774-5100	Charlotte Amalie
Anegada - Îles Vierges britanniques	**Auguste George Airport** au nord de The Settlement; liaisons régionales seulement	
Jost Van Dyke - Îles Vierges britanniques		Great Harbour
Tortola - Îles Vierges britanniques	**Terrance B. Lettsome International Airport** Beef Island, 284-852-9000; liaisons régionales seulement, www.bviaa.com	Road Town
Virgin Gorda - Îles Vierges britanniques	**Virgin Gorda Airport** Spanish Town; liaisons régionales seulement	St. Thomas Bay
Jamaïque	**Sangster International Airport** Montego Bay, 876-952-3124, www.mbjairport.com **Norman Manley International Airport** Kingston, www.nmia.aero	Falmouth, Montego Bay, Ocho Rios, Port Antonio
Martinique	**Aéroport international Martinique Aimé Césaire** Lamentin, 05.96.42.19.95, www.martinique.aeroport.fr	Fort-de-France

	Aéroports	Principaux ports de croisière
Montserrat	**John A. Osborne Airport** Geralds; liaisons régionales seulement	
Puerto Rico	**Aeropuerto Internacional Luis Muñoz Marín** Carolina, 787-253-2329, http://aeropuertosju.com	San Juan
République dominicaine	**Aeropuerto Internacional de Las Américas** à l'ouest de Santo Domingo, Ruta 66, Boca Chica, 809-947-2220 **Aeropuerto Internacional Samaná – El Catey** María Trinidad Sánchez, 809-338-0150 **Aeropuerto Internacional La Romana** La Romana, 809-813-9000, http://romanaairport.com **Aeropuerto Internacional Gregorio Luperón** Puerto Plata, 809-291-0000 **Aeropuerto Internacional de Punta Cana** Punta Cana, 809-959-2376, www.puntacanainternationalairport.com	Isla Catalina, La Romana, Puerto Plata, Samaná, Santo Domingo
Saint-Barthélemy	**Aéroport Saint-Jean-Gustave III** Saint-Jean; liaisons régionales seulement	Gustavia
Sainte-Lucie	**Hewanorra International Airport** au nord de Vieux Fort, www.hewanorrainternationalairport.com **George F.L. Charles Airport** au nord de Castries; liaisons régionales seulement	Castries, Soufrière
Saint-Martin/ Sint Maarten	**Princess Juliana International Airport** Airport Rd, Simpson Bay, Sint Maarten, 721-546-7542, www.sxmairport.com **Aéroport de Saint-Martin Grand-Case** 05.90.27.11.00 ou 05.90.87.53.03; liaisons régionales seulement	Philipsburg, Marigot
Saint-Kitts-et-Nevis	**Robert L. Bradshaw International Airport** Basseterre, 869-465-8121 **Vance W. Amory International Airport** Newcastle, www.neivsports.com	Basseterre
Saint-Vincent-et-les-Grenadines	**E.T. Joshua Airport** Arnos Vale, près de Kingstown, Saint-Vincent; liaisons régionales seulement **J.F. Mitchell Airport** Paget Farm, Bequia; liaisons régionales seulement **Argyle International Airport** en construction au moment de mettre sous presse	Kingstown, Bequia
Trinité-et-Tobago	**A.N.R. Robinson International Airport** Tobago, 868-639-0509, www.tobagoairport.com **Piarco International Airport** Trinidad, www.piarcoairport.com	Scarborough, Port d'Espagne

Navettes maritimes des Bahamas.

Les déplacements

En avion

Les liaisons régionales inter-îles sont relativement nombreuses et parfois assurées par de petits avions proportionnels à la taille des pistes d'atterrissage dont certaines ne sont empruntées que par des pilotes aguerris et formés expressément. Prendre l'avion d'île en île peut se révéler être une occasion en or d'expérimenter le rythme de vie caribéen et vous offre de belles opportunités de prises de vues aériennes. Les horaires des vols et leurs fréquences peuvent être soumis à des changements aussi impromptus qu'inhabituels. Si les retards n'ont rien d'exceptionnel, les vols peuvent être également devancés; il faut donc toujours se renseigner à l'avance, mais en gardant à l'esprit qu'une modification des horaires est toujours à même de survenir.

LIAT: http://liat.com

Caribbean Airlines: www.caribbean-airlines.com

En bateau

Alors que les possibilités de liaisons aériennes sont assez nombreuses et diversifiées, les offres de traversées inter-îles par ferry ou navette sont plus limitées. Bien souvent, les navires assurent les liaisons entre les îles d'un même archipel, comme celui de Saint-Vincent-et-les-Grenadines, ou d'une même zone géographique, par exemple entre Montserrat et Antigua. Pour les plus grandes distances, organiser un trajet en bateau peut s'avérer un certain casse-tête. Les différents bureaux d'information touristique locaux sont les principales sources de renseignements. Tout en gardant à l'esprit que les horaires peuvent toujours être sujets à changement!

Pour des excursions d'une journée sur des îlots peu distants de l'île principale de tel ou tel archipel, s'adresser aux pêcheurs ou aux navigateurs locaux peut se révéler intéressant, si l'on pense à déterminer le prix et l'horaire à l'avance.

En voiture

Si vous prévoyez louer une voiture dans les Caraïbes, il serait toujours bon de vérifier les différentes conditions qui s'appliquent sur place. Dans certaines îles, l'achat d'un permis de conduire local est nécessaire, notamment à Anguilla *(20$US)*, à Antigua-et-Barbuda *(20$US)*, aux îles Vierges britanniques *(pour les séjours de plus de 30 jours, 10$US)*, aux îles Cayman *(20$US)*, à la Dominique *(12$US)*, à la Grenade *(12$US)*, à Montserrat *(20$US)*, à Saint-Kitts-et-Nevis *(24$US)*, à Sainte-Lucie *(21$US)* et à Saint-Vincent-et-les-Grenadines *(24$US)*. Ces permis de conduire locaux s'obtiennent auprès des postes de police ou des agences de location. Pour certaines de ces îles toutefois, détenir un permis de conduire international vous dispense de l'achat d'un permis local.

Au moment de la location, il est conseillé de souscrire une assurance automobile couvrant tous les frais que pourrait entraîner un accident. Sur place, vérifiez si le contrat comprend le kilométrage illimité ou non et si l'assurance proposée vous couvre complètement (accidents, dégâts matériels, frais d'hôpitaux, passagers, vols). Certaines cartes de crédit, les cartes Or par exemple, vous assurent automatiquement contre les collisions et le vol du véhicule; avant de louer un véhicule, vérifiez que votre carte vous offre bien ces deux protections.

Bien souvent, un permis de conduire valide de votre pays est accepté. Notez qu'il faut être âgé d'au moins 21 ans pour louer une voiture. De nombreuses agences de location appliquent des suppléments pour les moins de 25 ans. Si vous voyagez durant la haute saison, prévoyez réserver votre voiture.

Lors de la prise en main, il convient de prendre le temps de vérifier le véhicule (égratignures, essuie-glaces, phares, pneu de secours...). Choisissez une voiture en bon état, de préférence neuve. Avant de signer un contrat de location, veillez à ce que les modalités de paiement soient clairement définies.

Un taxi à La Havane.

N'hésitez pas à demander l'identité de l'agent de location, surtout si vous faites un paiement en argent comptant. Faites-vous préciser et détailler tous les frais additionnels: plein du réservoir, coût de la remise (frais d'abandon) si vous rendez le véhicule dans une autre partie de l'île. Enfin, gardez précieusement le contrat de location avec vous.

Avant de vous glisser derrière le volant, vérifiez de quelle côté est la conduite! Elle se fait à gauche dans certaines îles à l'héritage britannique: Anguilla, Antigua-et-Barbuda, les Bahamas, la Barbade, les îles Vierges britanniques et américaines, les îles Cayman, la Dominique, la Grenade, la Jamaïque, Montserrat, Saint-Kitts-et-Nevis, Sainte-Lucie, Saint-Vincent-et-les-Grenadines, Trinidad-et-Tobago, les îles Turks et Caicos.

Même au milieu d'un embouteillage créé par l'affluence de la haute saison touristique, la courtoisie et le rythme de vie caribéen s'imposent naturellement à tous les conducteurs.

En taxi

Si vous optez plutôt pour le taxi, il est préférable de toujours demander au chauffeur de vous indiquer le prix de la course avant de partir. Selon les destinations, le tarif est facturé au compteur ou à la course. Se déplacer en taxi sur certaines îles, notamment Anguilla, revient assez cher. Il sera alors plus intéressant de partir en excursion organisée ou encore de louer une voiture.

Bon à savoir

Langues et monnaies

	Langues	Monnaies
Anguilla	anglais	dollar des Caraïbes orientales (dollar américain accepté)
Antigua-et-Barbuda	anglais	dollar des Caraïbes orientales (dollar américain accepté)
Aruba	néerlandais/papamiento	florin d'Aruba (dollar américain accepté)
Bahamas	anglais	dollar des Bahamas (dollar américain accepté)
Barbade	anglais	dollar de la Barbade (dollar américain accepté)
Bonaire	néerlandais/papamiento	dollar américain
Cuba	espagnol	peso cubain/ peso convertible
Curaçao	néerlandais/papamiento/ anglais	florin des Antilles néerlandaises (dollar américain accepté)
Dominique	anglais	dollar des Caraïbes orientales (dollar américain accepté)
Grenade	anglais	dollar des Caraïbes orientales (dollar américain accepté)
Guadeloupe	français	euro
Haïti	français/créole	gourde
Îles Cayman	anglais	dollar des Cayman (dollar américain accepté)
Îles Turks et Caicos	anglais	dollar américain
Îles Vierges américaines	anglais	dollar américain

	Langues	Monnaies
Îles Vierges britanniques	anglais	dollar américain
Jamaïque	anglais	dollar jamaïquain (dollar américain accepté)
Martinique	français	euro
Montserrat	anglais	dollar des Caraïbes orientales (dollar américain accepté)
Puerto Rico	anglais/espagnol	dollar américain
République dominicaine	espagnol	peso dominicain (dollar américain accepté)
Saint-Barthélemy	français	euro (dollar américain accepté)
Saint-Martin	français	euro (dollar américain accepté)
Sainte-Lucie	anglais	dollar des Caraïbes orientales (dollar américain acceptés)
Sint Maarten	néerlandais/anglais	florin des Antilles néerlandaises (euro et dollar américain acceptés)
Saint-Kitts-et-Nevis	anglais	dollar des Caraïbes orientales (dollar américain accepté)
Saint-Vincent-et-les-Grenadines	anglais	dollar des Caraïbes orientales (dollar américain accepté)
Trinité-et-Tobago	anglais	dollar de Trinité-et-Tobago (dollar américain accepté)

Climat

Les tempêtes tropicales et les ouragans aux noms poétiques (mais terriblement ravageurs) peuvent survenir dans les Antilles surtout entre juin et novembre, soit pendant la « saison des ouragans ». Les prévisions météorologiques seront donc un facteur déterminant dans le choix de la période au cours de laquelle vous voyagerez. Si vous partez en été, assurez-vous donc de consulter régulièrement météo et bulletins d'alerte régionaux.

En dehors de ces quelques remarques, le climat reste l'atout incontournable des Caraïbes. Les îles attendent les voyageurs en mal de chaleur et de soleil. Petites et Grandes Antilles sont familières des 30°C à l'ombre, et ce, de décembre à mai, soit pendant la haute saison touristique qui coïncide avec la saison sèche. Proche de l'équateur, l'arc des Petites Antilles bénéficie en outre de faibles écarts de température, le volume des précipitations étant variable.

Électricité

D'abord, il faut savoir que le voyageur est confronté à deux problèmes qui peuvent l'empêcher d'utiliser ses appareils dans les Caraïbes : d'une part le voltage (110V, 120V ou 220V) et, d'autre part, les prises de courant.

Heureusement, des appareils utilisés fréquemment par les voyageurs, comme les chargeurs d'ordinateurs portables, de téléphones, de rasoirs ou d'appareils photo, ont été conçus pour fonctionner sur l'ensemble des tensions, de 100 volts à 240 volts (indiqués sur le chargeur). Pour tous ces appareils, il ne reste plus qu'à se préoccuper des prises de courant.

En effet, celles-ci se présentent sous plusieurs modèles d'un pays à l'autre; elles diffèrent même parfois à l'intérieur d'une même île. Les modèles les plus communs sont ceux qui fonctionnent en Amérique du Nord, en Europe continentale et en Grande-Bretagne.

Nous vous recommandons de vous équiper d'un adaptateur universel pour faire face à tous les cas de figure, surtout si vous prévoyez voyager d'île en île!

Pourboire

Bien souvent, pour récompenser un service, il est convenu de donner un pourboire, mais cet usage varie selon les destinations. Globalement, dans les restaurants et les bars, comptez entre 5% à 15% du total de l'addition, selon la qualité du service et l'usage courant. Certains établissements touristiques ajoutant directement le service à la facture, vérifiez-la donc avant de payer.

Parfois, dans les hôtels, entre autres à Cuba, il est habituel de laisser un pourboire sur l'oreiller pour les femmes de chambre. Bien d'autres employés liés au secteur touristique (taxis, portiers...) peuvent aussi être amenés à vous demander un pourboire.

Quoi qu'il en soit, renseignez-vous sur les usages, prévoyez de la petite monnaie et ne vous sentez pas obligé de donner quelque chose si le service n'est pas correct.

Santé

Côté santé, quelques précautions de base sont de mise. Selon les îles visitées, il se peut que le vaccin de la fièvre jaune soit requis. Il faut donc vérifier cette information avec son agent de voyages ou une clinique de voyage. Mieux vaut aussi faire un rappel de vaccin antitétanique avant de partir et vérifier si les autres vaccins, notamment contre les hépatites A et B, sont à jour.

Les moustiques sont porteurs de nombreuses maladies, comme la dengue ou le chikungunya. Il est donc important de se munir d'un répulsif adéquat et de l'utiliser régulièrement.

Pour éviter le plus possible la diarrhée des voyageurs, nous vous conseillons de boire uniquement de l'eau en bouteille, de vous hydrater régulièrement et de laver les fruits que vous consommez. Lavez-vous les mains souvent et soigneusement afin de minimiser l'exposition aux virus qui peuvent circuler. Des médicaments, tel l'Imodium, peuvent aider à contrôler certains problèmes intestinaux. Dans les cas où les symptômes sont plus graves (forte fièvre, diarrhée importante ou avec saignements), un antibiotique peut être nécessaire. Il est alors préférable de consulter un médecin.

Il est également conseillé de se munir de quelques comprimés contre le mal de mer, si jamais vous voyagez en bateau.

Pour profiter au maximum du soleil, veillez à toujours utiliser une crème solaire avec un indice de protection qui vous protège bien (minimum 15 pour les adultes et 25 pour les enfants) et à l'appliquer de 20 àà 30 min avant de vous exposer. Souvenez-vous que vous devez vous protéger en tout temps, et que le bronzage ne protège pas contre les rayons nocifs. Toutefois, même avec une bonne protection, une trop longue période d'exposition, au cours des premières journées surtout, peut causer une insolation, provoquant étourdissement, vomissement, fièvre, etc. N'abusez donc pas du soleil.

Un parasol, un chapeau et des lunettes de soleil de qualité sont autant d'accessoires qui vous aideront à contrer les effets néfastes du soleil tout en profitant de la plage.

Portez des vêtements amples et clairs en évitant qu'ils soient en fibres synthétiques, les tissus idéaux étant le coton et le lin. Quelques douches par jour vous aideront à éviter les coups de chaleur. Ne faites pas d'effort inutile pendant les heures les plus chaudes de la journée. Et surtout, buvez de l'eau!

Sécurité

Le niveau de sécurité et le taux de criminalité varient beaucoup selon les îles. Certaines sont de véritables havres de paix, d'autres exigent certaines précautions. Avant votre départ, consultez les autorités compétentes de votre pays afin de connaître les conseils et les avertissements liés à la sécurité concernant votre destination.

Pour certaines destinations, il faut garder à l'esprit qu'aux yeux de la majorité des habitants vous détenez des biens (appareil photo, valises de cuir, caméscope, bijoux...) qui représentent beaucoup d'argent. Une certaine prudence peut donc vous éviter quelques problèmes. Vous avez dès lors intérêt à ne porter que peu ou pas de bijoux, à garder vos appareils électroniques dans un sac discret que vous porterez en bandoulière et à ne pas sortir tous vos billets de banque quand vous achetez quelque chose. Le soir, redoublez de prudence et ne vous aventurez pas dans des rues peu éclairées, particulièrement si vous êtes accompagné par des inconnus.

Une ceinture de voyage vous permettra de dissimuler une partie de votre argent, vos chèques de voyage et votre passeport. Dans l'éventualité où vous vous feriez voler vos valises, vous conserverez ainsi les documents et l'argent nécessaire pour vous dépanner. N'oubliez pas que moins vous attirez l'attention, moins vous courez le risque de vous faire voler.

Si vous apportez des objets de valeur à la plage, il vous est fortement conseillé de les garder à l'œil. Certains hôtels sont munis de coffrets de sûreté dans lesquels vous pouvez les ranger.

Taxes et *duty-free*

Le lèche-vitrine fait partie intégrante d'un voyage dans les Caraïbes. La raison en est la magique détaxe! Les boutiques hors taxes sont non seulement un incontournable de plusieurs ports de croisière, mais aussi de certains îlots paradisiaques. Attendez-vous à ce qu'on attise votre envie à chaque coin de rue par mille et une pacotilles artisanales ou nombre de produits de marques internationales, dans le but de vous délester de quelques dollars ou plus. Certaines îles sont passées maîtres en la matière: c'est le cas des îles Vierges américaines, la Mecque du magasinage dans les Caraïbes.

Voyageurs à mobilité réduite

Même si les conditions d'accessibilité ne sont pas optimales, les Caraïbes tendent à s'ouvrir davantage à la clientèle des voyageurs à mobilité réduite grâce à des aménagements spécifiques mis en place par les compagnies aériennes ou les établissements touristiques, notamment en Martinique, en République dominicaine ou encore à Puerto Rico, aux Îles Vierges américaines ou à la Barbade.

Quelques compagnies de croisière ont en outre équipé certains de leurs navires de cabines spécialement conçues pour les personnes à mobilité réduite. C'est notamment le cas de Royal Caribbean, de Norwegian Cruise Line, de Celebrity et de MSC. Ces cabines sont toutefois assez peu nombreuses et ne concernent qu'une petite partie de leur flotte.

Stingray City, Grand Cayman.

index

C

D

E

F

G

H

I

J

K

L

M

N

O

P

R

S

Crédits photographiques

p. 4 © iStockphoto.com/davidevison; p. 6 © iStockphoto.com/htomas; p. 7 © iStockphoto.com/DanielAzocar; p. 8 © iStockphoto.com/pavlinec; p. 8 © iStockphoto.com/ultramarinfoto; p. 8 © iStockphoto.com/Blacqbook; p. 8 © iStockphoto.com/Rainer von Brandis; p. 9 © iStockphoto.com/stevenallan; p. 9 © iStockphoto.com/gabyjalbert; p. 9 © iStockphoto.com/ByMPhotos; p. 9 © iStockphoto.com/Sarah Bossert; p. 9 © Shutterstock.com/Henrik Winther Andersen; p. 9 © iStockphoto.com/NeonJellyfish; p. 11 © iStockphoto.com/SwHouston; p. 13 © Sarah-Émilie Nault; p. 15 © iStockphoto.com/blinow61; p. 16 © iStockphoto.com/Peeter Viisimaa; p. 17 © iStockphoto.com/Pedro Antonio Salaverría Calahorra; p. 18 © iStockphoto.com/Flavio Vallenari; p. 19 © iStockphoto.com/tornado98; p. 20 © iStockphoto.com/Christian Wheatley; p. 21 © iStockphoto.com/Dennis Sabo; p. 22 © Flickr.com/jwilde, Jon/CC BY 2.0; p. 23 © Dreamstime.com/Paul Zizka; p. 24 © iStockphoto.com/Isaac Ruiz Santana; p. 25 © iStockphoto.com/mychadre77; p. 28 © iStockphoto.com/stevegeer; p. 31 © iStockphoto.com/MichaelUtech; p. 32 © iStockphoto.com/MichaelUtech; p. 33 © iStockphoto.com/temmuz can arsiray; p. 35 © iStockphoto.com/DigiClicks; p. 38 © iStockphoto.com/vale_t; p. 39 © iStockphoto.com/Chris Pritchard; p. 41 © iStockphoto.com/LawrenceKarn; p. 43 © iStockphoto.com/marcutti; p. 44 © Shutterstock.com/Styve Reineck; p. 45 © iStockphoto.com/Timothy Pike; p. 46 © Flickr.com/25195310@N02, Danielle Walquist Lynch/CC BY 2.0; p. 49 © Dreamstime.com/Ramunas Bruzas; p. 51 © iStockphoto.com/Flavio Vallenari; p. 53 © iStockphoto.com/Flavio Vallenari; p. 55 © Flickr.com/davidberkowitz, David Berkowitz/CC BY 2; p. 57 © Dreamstime.com/Andrew Jalbert; p. 57 © iStockphoto.com/hairballusa; p. 58 © iStockphoto.com/Hoatzinexp; p. 60 © Flickr.com/chikawatanabe, Chika Watanabe/CC BY 2.0; p. 62 © Dreamstime.com/Uli Danner; p. 62 © Rodolphe Lasnes; p. 63 © iStockphoto.com/Giovanni Rinaldi; p. 64 © iStockphoto.com/alxpin; p. 66 © iStockphoto.com/ArtMarie; p. 68 © iStockphoto.com/Belyaevskiy; p. 70 © iStockphoto.com/Sara Winter; p. 71 © iStockphoto.com/Sara Winter; p. 73 © Dreamstime.com/Gail Johnson; p. 74 © Dreamstime.com/Gail Johnson; p. 77 © iStockphoto.com/juergen2007; p. 78 © iStockphoto.com/IngaL; p. 81 © Shutterstock.com/Richard Goldberg; p. 83 © iStockphoto.com/Orietta Gaspari; p. 84 © iStockphoto.com/duhopav; p. 84 © iStockphoto.com/Flavio Vallenari; p. 86 © iStockphoto.com/Flavio Vallenari; p. 89 © iStockphoto.com/jlazouphoto; p. 90 © iStockphoto.com/jlazouphoto; p. 92 © iStockphoto.com/Karsten Bidstrup; p. 93 © iStockphoto.com/quisait; p. 93 © Dreamstime.com/Philip Delos; p. 94 © iStockphoto.com/jlazouphoto; p. 97 © iStockphoto.com/tropicalpixsingapore; p. 98 © Carolyne Parent; p. 100 © Carolyne Parent; p. 101 © Carolyne Parent; p. 102 © Carolyne Parent; p. 104 © iStockphoto.com/Flavio Vallenari; p. 105 © iStockphoto.com/Predrag Vuckovic; p. 106 © iStockphoto.com/Flavio Vallenari; p. 108 © iStockphoto.com/Flavio Vallenari; p. 110 © iStockphoto.com/Jodi Jacobson; p. 111 © iStockphoto.com/Eniko Balogh; p. 112 © iStockphoto.com/mikolajn; p. 115 © iStockphoto.com/1Photodiva; p. 117 © Dreamstime.com/Linda Morland; p. 119 © iStockphoto.com/Kenneth Wiedemann; p. 121 © iStockphoto.com/kasane; p. 123 © iStockphoto.com/Christian Wheatley; p. 125 © iStockphoto.com/Paul Zizka; p. 126 © iStockphoto.com/Christian Wheatley; p. 129 © Dreamstime.com/Ramunas Bruzas; p. 130 © Dreamstime.com/Alexander Shalamov; p. 133 © iStockphoto.com/narvikk; p. 133 © iStockphoto.com/Joanna Pecha; p. 135 © iStockphoto.com/Wellych; p. 135 © Flickr.com/dubdem, dubdem sound system/CC BY 2.0; p. 136 © iStockphoto.com/Paul_Brighton; p. 138 © iStockphoto.com/BrettCharlton; p. 140 © Claude Morneau; p. 141 © Claude Morneau; p. 143 © Claude Morneau; p. 144 © iStockphoto.com/htomas; p. 147 © Claude Morneau; p. 147 © Claude Morneau; p. 149 © iStockphoto.com/MichaelUtech; p. 151 © Flickr.com/davidstanleytravel, David Stanley/CC BY 2.0; p. 153 © iStockphoto.com/Sean Pavone; p. 154 © iStockphoto.com/BCWH; p. 154 © Dreamstime.com/Jinlide; p. 155 © iStockphoto.com/Joel Carillet; p. 156 © Flickr.com/oscalito, Oscar Rohena/CC BY 2.0; p. 158 © Flickr.com/37244380@N00, cogito ergo imago/CC BY-SA 2.0; p. 160 © iStockphoto.com/Oksana Struk; p. 161 © Dreamstime.com/Iakov Kalinin; p. 162 © iStockphoto.com/ismagilov; p. 165 © iStockphoto.com/BrettCharlton; p. 167 © iStockphoto.com/Christian Wheatley; p. 169 © iStockphoto.com/Christian Wheatley; p. 170 © iStockphoto.com/Christian Wheatley; p. 173 © iStockphoto.com/jangeltun; p. 173 © iStockphoto.com/Flavio Vallenari; p. 174 © Dreamstime.com/Samuel Strickler; p. 177 © iStockphoto.com/SPrada; p. 177 © iStockphoto.com/SPrada; p. 178 © iStockphoto.com/SPrada; p. 180 © iStockphoto.com/fallbrook; p. 182 © Flickr.com/sharonhahndarlin, Sharon Hahn Darlin/CC BY 2.0; p. 184 © iStockphoto.com/Gerardo_Borbolla; p. 186 © Flickr.com/rapidtravelchai, Stefan Krasowski/CC BY 2.0; p. 188 © iStockphoto.com/Orietta Gaspari; p. 190 © iStockphoto.com/LisaStrachan; p. 191 © iStockphoto.com/visual7; p. 193 © iStockphoto.com/erick4x4; p. 195 © iStockphoto.com/DebraLee Wiseberg; p. 196 © iStockphoto.com/terex; p. 197 © iStockphoto.com/c-foto; p. 198 © iStockphoto.com/hairandbeauty; p. 199 © iStockphoto.com/alxpin; p. 203 © iStockphoto.com/virsuziglis; p. 205 © iStockphoto.com/Nikada; p. 209 © iStockphoto.com/Christian Wheatley; p. 209 © Dreamstime.com/Seaphotoart; p. 210 © iStockphoto.com/Preto_perola; p. 212 © iStockphoto.com/Jodi Jacobson; p. 222 © iStockphoto.com/DanielAzocar

Envie de vivre une croisière de rêve?
Procurez-vous
Croisières dans les Caraïbes,
pour décider où partir, sur quel navire et avec quelle compagnie.